Diplomica Verlag

G. Bosl

Nachfolge in Familienunternehmen

Die Stiftung als Rechtsform
zur Unternehmensnachfolge

Bosl, G.: Nachfolge in Familienunternehmen: Die Stiftung als Rechtsform zur Unternehmensnachfolge, Hamburg, Diplomica Verlag GmbH

Umschlaggestaltung: Diplomica Verlag GmbH, Hamburg

ISBN: 978-3-8366-9346-2

© Diplomica Verlag GmbH, Hamburg 2011

Bibliografische Information der Deutschen Nationalbibliothek:

Die Deutsche Nationalbibliothek verzeichnet diese
Publikation in der Deutschen Nationalbibliografie;
detaillierte bibliografische Daten sind im Internet über
http://dnb.d-nb.de abrufbar.

Die digitale Ausgabe (eBook-Ausgabe) dieses Titels
trägt die ISBN 978-3-8366-4346-7 und kann über den
Handel oder den Verlag bezogen werden.

Inhaltsverzeichnis

Abbildungsverzeichnis

Abkürzungsverzeichnis

a.a.O.	am angegebenen Ort
Abb.	Abbildung
Abs.	Absatz
Abschn.	Abschnitt
abw.	abweichend
AG	Aktiengesellschaft
AktG	Aktiengesetz
Alt.	Alternative
Anh.	Anhang
AO	Abgabenordnung
Art.	Artikel
AStG	Außensteuergesetz
Aufl.	Auflage
BGB	Bürgerliches Gesetzbuch
bspw.	beispielsweise
bzgl.	bezüglich
bzw.	beziehungsweise
d.h.	das heißt
entspr.	entsprechend
ErbSt	Erbschaftsteuer
ErbStDV	Erbschaftsteuer-Durchführungsverordnung
ErbStG	Erbschaftsteuer- und Schenkungsteuergesetz
ErbStR	Erbschaftsteuer-Richtlinien
ESt	Einkommensteuer
EStDV	Einkommensteuer-Durchführungsverordnung
EStG	Einkommensteuergesetz
etc.	et cetera
evtl.	eventuell
e.V.	eingetragener Verein
f., ff.	folgend, (fort-)folgende
gem.	gemäß
GewSt	Gewerbesteuer
GewStG	Gewerbesteuergesetz
gg.	gegen
ggf.	gegebenenfalls
GmbH	Gesellschaft mit beschränkter Haftung
grds.	grundsätzlich
HGB	Handelsgesetzbuch
hrsg., Hrsg.	herausgegeben, Herausgeber
HS	Halbsatz
i.d.R.	in der Regel
IDW	Institut der Wirtschaftsprüfer
InsO	Insolvenzordnung

i.e.S.	im engeren Sinne
i.w.S.	im weiteren Sinne
insb.	insbesondere
i.V.m.	in Verbindung mit
KG	Kommanditgesellschaft
KSt	Körperschaftsteuer
KStG	Körperschaftsteuergesetz
lfd.	laufende
lt.	laut
Nr., Nrn.	Nummer
PublG	Publizitätsgesetz
rd.	rund
Rdn.	Randnummer
Rspr.	Rechtsprechung
S.	Satz
s.	siehe
sog.	so genannte(r)
u.	und
u.a.	unter anderem, und andere
u.ä.	und ähnliches
u.a.m.	und anderes mehr
usw.	und so weiter
u.U.	unter Umständen
v.	vom (von)
vgl.	vergleiche
z.B.	zum Beispiel
z.T.	zum Teil
zzgl.	zuzüglich

1 Einleitung

1.1 Problemstellung

Eine Herausforderung der mittelständischen Unternehmen, die das Rückgrat der deutschen Wirtschaft darstellen, ist die Unternehmensnachfolge. Nach dem Unternehmensregister beläuft sich die Anzahl aller deutschen Unternehmen auf 3,2 Millionen. Danach beträgt der Anteil von Familienunternehmen 95,1 %, erwirtschaften 41,5 % der Umsätze und beschäftigen 57,3 % der Mitarbeiter.

Das Institut für Mittelstandsforschung (IfM) veröffentlicht regelmäßig aktuelle Zahlen für die bevorstehenden Übertragungen. Im Zeitraum von 2005 bis 2009 stand nach Hochrechnungen in etwa jedem sechsten Familienunternehmen eine Nachfolgeregelung an. Pro Jahr sind somit ca. 71.000 Familienunternehmen betroffen, die ihre Nachfolge regeln müssen. Folgende Abbildung zeigt, dass 90 % der jährlichen Unternehmensübertragungen in Familienunternehmen mit Jahresumsätzen von weniger als 2 Mio. Euro erfolgen.

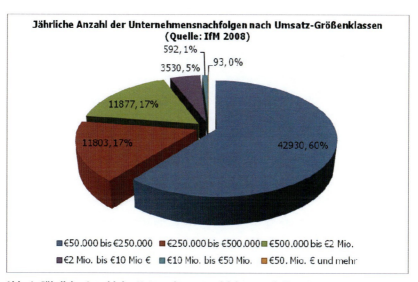

Abb. 1: Jährliche Anzahl der Unternehmensnachfolgen nach Umsatz

In der Mehrzahl der Fälle erfolgt die Regelung der Nachfolge altersbedingt und planmäßig (65,6 %). Infolge von Krankheit, Unfall oder Tod des Unternehmens, tritt aber nach wie vor ein Viertel aller Unternehmensübertragungen unvorhergesehen ein. Nimmt der Eigentümer eine andere Tätigkeit auf, bspw. aufgrund einer Scheidung, Streit in der Familie oder dem eigentlichen Wunsch eines Tätigkeitswechsels, ist in 8 % der Fälle eine Regelung der Nachfolge erforderlich.

Abb. 2: Unternehmensübertragungen nach Ursachen und Beschäftigung

In welche Hände die zu übertragenden Unternehmen gehen werden, hängt von verschiedenen Faktoren ab. Zunächst kommt es darauf an, ob es in der Unternehmerfamilie Kinder gibt und wenn ja, ob diese hinreichend qualifiziert und zur Übernahme des Unternehmens tatsächlich bereit sind. Letzteres hängt u.a. von der Größe und Attraktivität des Unternehmens und den Alternativen ab, die sich der jungen Generation außerhalb des Unternehmens bieten. In etwa 44 % der 71.000 Familienunternehmen ist eine familieninterne Nachfolge geplant. Familienexterne Übertragungen kommen in Frage, falls kein familieninterner Nachfolger zur Verfügung steht. Der Verkauf von 21 % der Familienunternehmen soll an ein anderes Unternehmen erfolgen. Bei weiteren 17 % wird die Regelung der familienexternen Nachfolge im Wege eines Management-Buy-in und bei 10 % durch ein Management-Buy-out angestrebt. Mangels Nachfolger werden voraussichtlich die restlichen 8 % der 71.000 Familienunternehmen stillgelegt.

Jährliche Nachfolgelösungen in deutschen Familienunternehmen und hiervon betroffene Arbeitsplätze im Zeitraum 2005 – 2009 (Quelle: IfM)

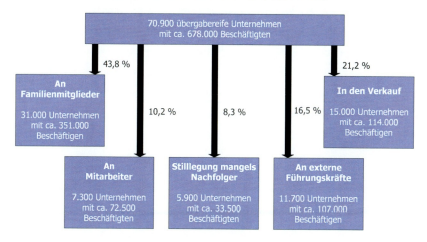

Abb. 3: Nachfolgelösungen in deutschen Familienunternehmen

Aufgrund dieser Daten besteht dringender Handlungsbedarf, um die Nachfolge von Familienunternehmen sicherzustellen.

Auch innerhalb der Familien kann es zu weitreichenden Auswirkungen kommen. Für den Unternehmer selbst bedeutet die Unternehmensnachfolge eine große Verantwortung. Das Hauptproblem besteht darin, dass die Nachfolge zu spät oder gar nicht geplant wird. Die Unternehmensnachfolge beginnt bereits mit der für das Unternehmen geeigneten Ausbildung der Kinder. Es soll außerdem das frühzeitige Interesse am Unternehmen gefördert werden.

Neben der emotionalen Seite müssen auch die gesetzlichen Rahmenbedingungen (Gesellschafts-, Erb- und Steuerrecht) neu geregelt werden.

Da das Risiko des Scheiterns groß ist und fast jede zweite Nachfolgeregelung mit weitreichenden Konsequenzen für Arbeitsplätze, Vermögen und dem Zusammenhalt der Unternehmerfamilie misslingt, ist daher eine rechtzeitige und systematische Vorbereitung nötig.

1.2 Zielsetzung

Im Rahmen dieser Studie soll am Beispiel einer Stiftung aufgezeigt werden, wie die Nachfolge bei Familienunternehmen sichergestellt werden kann. Ziel ist es, einen Überblick über die Rechtsform der Stiftung zu bekommen. Möglichkeiten im Rahmen einer Unternehmensnachfolge sollen durch Beantwortung rechtlicher, steuerlicher und wirtschaftlicher Fragen erörtert und somit potenzielle Vorteile der Stiftung als Nachfolgeinstrument für Familienunternehmen durch diese Studie aufgezeigt werden.

2 Grundlagen

2.1 Definition von Familienunternehmen

Der Begriff der Familienunternehmung kommt zunächst aus der Alltagssprache und bezeichnet keine typische Rechtsform eines Unternehmens. Unter dem Begriff der Familie im soziologischen Sinne werden alle Personen, die durch Ehe oder Blutsverwandtschaft und in erweiterter Sicht auch durch Schwägerschaft und Annahme von Kindern, in einer Lebensgemeinschaft leben, bezeichnet.[1] In der Literatur werden daher viele Definitionsmöglichkeiten für Familienunternehmen erwähnt.

Es müssen einige Kriterien vorliegen, damit ein Unternehmen als Familienunternehmen bezeichnet werden kann. Ein hauptsächliches Merkmal dabei ist, dass die Familie für die wirtschaftliche Entwicklung von Familienunternehmen den entscheidenden Kapitaleinfluss hat und somit von der Einflussmöglichkeit der Familienangehörigen auch Gebrauch machen muss. Eine operative Geschäftsführung der Familie ist nicht notwendig. Die Familie muss aus sich heraus absolut die grundsätzlichen Entscheidungen der Unternehmenspolitik bestimmen und ihren Einfluss auch in den Organen eines Unternehmens ausüben. Die Geschäftsführung von Familienunternehmen kann in vier verschiedene Kategorien unterteilt werden:[2]

- Reine Gesellschaftergeschäftsführung, d.h. die Gesellschafter der Eigentümerfamilie haben allein die Geschäftsführung inne.

- Gemischte Geschäftsführung ohne Gleichrangigkeit, d.h. Geschäftsführung durch die Eigentümerfamilie und einer fremden Geschäftsführung. Den Vorsitz der Geschäftsführung hat ein Familienmitglied.

---

[1] Vgl. Stephan, Petra, Nachfolge in mittelständischen Familienunternehmen, Wiesbaden (Deutscher Universitäts-Verlag) 2002, S. 9

[2] Vgl. Habig, Helmut, Berninghaus, Jochen, Die Nachfolge im Familienunternehmen ganzheitlich regeln, Berlin (Springer) 2004, S. 8

- Gemischte Geschäftsführung bei Gleichrangigkeit der Geschäftsführer, d.h. Fremdgeschäftsführer und Gesellschaftsgeschäftsführer führen gleichberechtigt das Unternehmen.

  - Fremdgeschäftsführung, d.h. die Geschäftsführung wird ausschließlich von Fremdmanagern vorgenommen. Die Gesellschafter üben ihren Einfluss lediglich über die Gesellschafterversammlung, im Aufsichtsrat oder Beirat aus.

Die Eigentumsfrage ist ein weiteres Kennzeichen für ein Familienunternehmen, da sich das Unternehmen häufig schon seit Generationen im Besitz der Familie befindet. Familienunternehmen unterscheiden sich grundsätzlich von managementgeführten Großunternehmen durch die Zusammengehörigkeit von Eigentum und Leitung und damit eine enge Verbindung von wirtschaftlicher Existenz der Unternehmensleitung. Manager von Großunternehmen sind gegenüber wirtschaftlichen Krisen und Insolvenzen eher unabhängig, während im Gegensatz die Insolvenz eines Familienunternehmens dazu führt, dass auch die Firmenleitung und somit auch der Firmeneigner zahlungsunfähig werden. Ein wirtschaftlicher Misserfolg oder eine Insolvenz kann den wirtschaftlichen Ruin aller beteiligten Familienmitglieder bedeuten, da diese auch häufig mitarbeiten oder mit dem Unternehmen finanziell verbunden sind.[3]

Folgende Grafik zeigt die anteilsmäßige Unterscheidung zwischen Familienunternehmen und managergeführten Unternehmen:

---

[3] Vgl. Kempert, Wolf, Praxishandbuch für die Nachfolge in Familienunternehmen, Wiesbaden (Gabler) 2008, S. 15

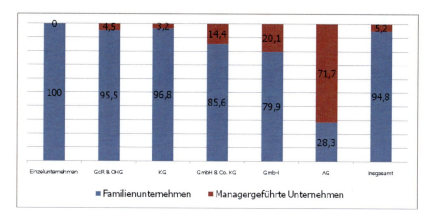

Abb. 4: Familienunternehmen und managergeführte Unternehmen nach Rechtsform (Quelle: IfM)

2.1.1 Stärken von Familienunternehmen

Die Stärken eines Familienunternehmens sind:[4]

- kurze Entscheidungswege, schnelle Übertragung von Entscheidungen zur Ausführung,

- hohe Identifikation mit Eignerpersönlichkeit,

- Vorbildfunktion der Eignerpersönlichkeit,

- hohe Anpassungsfähigkeit an Markt- und Strukturveränderungen,

- persönliche Kontaktpflege gegenüber Mitarbeitern und Kunden, hoher Interaktionsgrad.

---

[4]   Vgl. Kempert, Wolf, a.a.O., S. 17

2.1.2 Schwächen von Familienunternehmen

Neben den Stärken und Chancen gibt es in der Praxis auch häufig beobachtete Schwächen:[5]

- Geringe Kapitalausstattung.

- Begrenzte Möglichkeiten für die Kapitalbeschaffung, da weniger Subventionen erfolgen und sparsames sowie erfolgreiches Wirtschaften notwendig ist, um mit dem zur Verfügung stehenden Kapital auszukommen.

- Hohe Liquiditätsbelastung aus dem privaten Bereich (Abfindungen, Erbschaftsteuer, Entnahmen für Lebenshaltung) für das Unternehmen.

- Persönliche und vertrauliche Spannungen werden in das Unternehmen getragen.

- Defizite im Rahmen der strategischen Unternehmensplanung und Eignerstrategie.

- Verträge der Gesellschaft und Geschäftsordnungen sind oft veraltet.

Daneben ist es für Familienunternehmen immer noch schwierig, qualifiziertes Personal zu gewinnen, da die anonymen Gesellschaften häufig attraktiver sind. Die Meinung wird durch Befragungen bestätigt, da die meisten Hochschulabsolventen Nichtfamilienunternehmen für den Berufseinstieg vorziehen würden. Es gibt Befürchtungen, dass

- die Familieninteressen immer noch vorrangig sind,

- Entscheidungen nicht nach objektiven Kriterien gefällt werden,

- die Spitzenpositionen ausschließlich aus der Familie besetzt werden,

- die Sorgen vor einem autoritären Führungsstil vorherrschen.[6]

---

[5] Vgl. Kempert, Wolf, a.a.O., S. 19
[6] Vgl. Habig, Helmut, Berninghaus, Jochen, a.a.O., S.11

Die Unternehmerfamilie soll daher klare Richtlinien festlegen, so dass jeder Mitarbeiter und potenzielle Bewerber weiß, woran er ist um den oben genannten Vorurteilen vorzubeugen.

2.2 Definition der Unternehmensnachfolge

Unter Unternehmensnachfolge versteht man den unantastbaren Fortbestand, wenn der derzeitigen Inhaber bereits ausgeschieden oder weggefallen ist. Dabei soll das Unternehmen vor Veräußerung und Auflösungsmöglichkeiten geschützt werden. Ebenso soll es durch die Möglichkeit der Gewinnnutzung bzw. Leistungen für die Abkömmlinge oder sonstigen Begünstigten rechtlich gegen die vorgenannten Gefahren abgesichert werden. Dies kann u.a. im Einzelnen bedeuten:

- Die Dauerhaftigkeit der Unternehmenstätigkeit

- Der Erhalt des Unternehmens bzw. die Unantastbarkeit des Vermögens

- Ausschüttung von Leistungen an einen festgelegten Personenkreis

- Eine Organisationsstruktur für eine optimale Geschäftsleitung

- Zweckgebundene Mittelvergabe

Falls daher eine oder mehrere Personen als Nachfolger willkürlichen Zugriff und eine freie Gestaltungsbefugnis haben, kommt eine Rechtsform nicht in Betracht, wenn das Ziel nicht erreicht werden kann, wenn diese durch eine eigenständige Verfügungs- und Verwaltungsbefugnis der Rechtsnachfolger eingeschränkt ist. Für viele Generationen beschränkt sich die Unternehmensnachfolge nicht allein auf Einzelunternehmungen. Auch Personen, die große Anteile an Personen- oder Kapitalgesellschaften halten, möchten ihren Nachkommen daraus entstehende Ansprüche auf Mitsprache und Gewinn sichern. Beispielsweise können Anteile einer GmbH oder Aktiengesellschaft in eine Stiftung eingebracht werden, da diese nicht mehr veräußert werden können.[7]

Die nachfolgende Abbildung zeigt im Verhältnis von Führungs- und Eigentums- nachfolge einen Überblick über die verschiedenen Formen einer Unternehmens- nachfolge. Das Ende eines Unternehmens durch Insolvenz oder Liquidation – in diesem Fall kann kaum von einer Nachfolge gesprochen werden – und ein Börsen- gang - ganzer oder teilweiser Verkauf – sind nicht aufgeführt.[8]

Eigentumsnachfolge durch:	Führungsnachfolge durch:		
	Familienangehörige	Mischformen	Familienfremde
Familienangehörige	Traditionelle, rein familieninterne Nachfolge	Gemischte Geschäftsführung	Eigentumsnachfolge mit Fremd-Geschäftsführer, Verpachtungen
Mischformen	Partner, Venture-Capital-Geber, Beteiligungsgesellschaft	Einbezug aktiver Partner	Stiftungslösungen
Familienfremde	Grenzfall: Weiterbeschäftigung von Familienangehörigen nach einem Verkauf		Verkauf: a) strategisch b) persönlich

Abb. 5: Verschiedene Formen der Unternehmensnachfolge (Quelle: Felden, Birgit, Unternehmensnachfolge 2008)

Bei der traditionellen, rein familieninternen Nachfolge wird die Eigentums- und Führungsnachfolge innerhalb der Familie kombiniert. Sie gilt als typische Form, auch wenn der Anteil der realisierten Lösungen relativ gering ist.

In der gemischten Geschäftsführung hält die Eigentümerfamilie alle oder fast alle Anteile und ist in der obersten Hierarchie vertreten. Es werden aber zusätzlich familienfremde Manager mit Führungsaufgaben betraut.

---

[7] Vgl. Bayer, Walter, Koch, Elisabeth, Unternehmens- und Vermögensnachfolge, Baden-Baden (Nomos) 2009, S. 105 f.
[8] Vgl. Felden Birgit, Pfannenschwarz, Armin, Unternehmensnachfolge, München (Oldenburg Verlag) 2008, S. 27

Bei großen Familienunternehmen besteht die Führung ausschließlich durch familienfremde Manager. Die Familie hat nur die Eigentümerfunktion inne, formuliert die Geschäftspolitik und die strategische Ausrichtung. Eine Steuerung des operativen Geschäfts erfolgt nicht.

Wenn aus Finanzierungsgründen die Alleineigentümerschaft aufgegeben werden muss, können Kapitalgeber (stille Gesellschafter) oder Beteiligungsgesellschaften einbezogen werden. Die Führung wird weiter der Familie überlassen. Allerdings können die Kapitalgeber bei wirtschaftlichen Schwierigkeiten Ansprüche erheben.

Werden aktive Partner in das Unternehmen einbezogen, beteiligen sich fremde Führungskräfte durch Kauf von Anteilen (ab 25 %) finanziell am Unternehmen. Allerdings ist das ein frühes Zeichen eines vollständigen Unternehmensverkaufs.

Wird eine Stiftung in das Unternehmen einbezogen, wird die Eigentümerposition der Familie endgültig abgegeben. Das Unternehmen geht als Anteil in die Stiftung über und es erfolgt eine Ausschüttung der Erträge an die Begünstigten.

In der Praxis ist die Weiterbeschäftigung von Familienangehörigen nach dem Verkauf eher selten. Es ist ein Übergangsmodell, da viele Käufer Wert darauf legen, dass das Management ganz oder teilweise weiterhin zur Verfügung stehen soll, um den Übergang zu einer eigenen Geschäftsführung zu erleichtern oder weil sie mit der alten Geschäftsführung zufrieden sind.

Bei einem Unternehmensverkauf wird die Eigentümer- und Führungsfunktion endgültig von der Familie getrennt und es können drei Varianten unterschieden werden:

- Beim Verkauf an eine oder wenige Personen wird die Familie durch eine andere ausgetauscht und das Unternehmen kann weiterhin als Familienunternehmen bezeichnet werden. Mehrheitlich erfolgt der Verkauf durch MBO[9] (Management Buy-Out), durch MBI[10] (Management Buy-In) oder in Kombination.

---

[9]   MBO = Übernahme qualifizierter Mitarbeiter (i. d. R. Führungskräfte).
[10] MBI = Übernahme durch Führungskräfte von außerhalb des Unternehmens

- Bei einem strategischen Verkauf wird das Unternehmen durch ein anderes Unternehmen gekauft und es erfolgt trotz Beibehaltung der eigenen Rechtsform und des Marktauftritts die Eingliederung in einen größeren Verbund.
- Als dritte Möglichkeit kann der Verkauf des Unternehmens an einen Finanzinvestor erfolgen. Um für die Übernahme aus finanziellen Gründen interessant zu sein, müssen entweder attraktive Renditen erwirtschaftet oder außergewöhnliche Marktentwicklungspotenziale aufgewiesen werden.[11]

2.3 Definition und Gründe für die Errichtung einer Stiftung

2.3.1 Definition einer Stiftung

Eine Definition des Begriffs „Stiftung" ist weder im BGB noch in den Stiftungsgesetzen der Länder enthalten. Kennzeichnend für rechtsfähige und nichtrechtsfähige (unselbständige) Stiftungen ist, dass

- eine verselbständigte Vermögensmasse,

- deren Erträge nach dem Willen des Stifters

- für einen von ihm bestimmten Zweck,

- dauerhaft genutzt

werden soll. Außerdem kennt eine Stiftung weder Eigentümer noch Mitglieder oder Gesellschafter, also keinerlei Verbandsstruktur und unterscheidet sich somit im deutschen Recht von allen anderen Rechtsformen. Die Erträge der Stiftung fließen den Begünstigten, sog. Destinatären zu.[12]

Der Vorgang der Widmung einer Vermögensmasse für einen vom Stifter festgelegten Zweck durch das Stiftung genannte Rechtsgeschäft, andererseits die aus diesem Vorgang hervorgegangene Einrichtung, die die Aufgabe hat, den vom

---

[11] Vgl. Felden Birgit, Pfannenschwarz Armin, a.a.O., S. 27 ff.
[12] Vgl. Otto, Lieselotte, Handbuch der Stiftungspraxis, Köln (Luchterhand) 2007, S.3

Stifter festgelegten Zweck mit Hilfe des dazu gewidmeten Vermögens dauerhaft zu fördern, wird als Stiftung verstanden.[13]

2.3.2 Motive für die Errichtung von Stiftungen

Es gibt vielfältige Gründe für die Errichtung von Stiftungen. Ausgangspunkt für die Errichtung einer Stiftung ist der Bestand von Vermögen oder eines Unternehmens.[14] Daraus ergeben sich verschiedene Anlässe, Stiftungen zu gründen, die in verschiedene Gruppen eingeteilt werden können. Hauptsächlich sind es uneigennützige Zwecke eines Stifters, die zu Gründungen von Stiftungen führen. Darunter fallen familiäre, ideelle und wirtschaftliche Gründe.

Unter familiäre Gründe versteht man fehlende Erben des Stifters oder wenn – falls vorhanden – diese nicht gewillt oder unfähig sind, das Unternehmen weiterzuführen. Außerdem ist es möglich, eine dauerhafte Familienvorsorge (Familienstiftung) zu betreiben. Als zweites können auch ideelle Überzeugungen der Grund dafür sein, dass der Stifter die unterschiedlichsten gemeinnützigen Projekte fördern will, wie bspw. Wissenschaft und Forschung, Kunst und Kultur oder Wohlfahrtswesen. Über 90 % aller Stiftungen in Deutschland gehören zu den gemeinnützigen Stiftungen. Des Weiteren spielen persönliche Gründe eine Rolle, wie die Errichtung eines Lebenswerks oder die Unternehmenskontinuität. Zuletzt gibt es noch wirtschaftliche Gründe, die eine Stiftungserrichtung möglich machen. Im Einzelnen sind eine positive Publizität bzw. öffentliche Anerkennung sowie steuerliche Vorteile von Bedeutung.[15]

---

[13] Vgl. *v. Campenhausen* in Seifart/v. Campenhausen § 1 Rdn. 1
[14] Vgl. *v. Campenhausen* in Seifart/v. Campenhausen §1 Rdn. 12
[15] Vgl. Wigand, Klaus, Haase-Theobald, Cordula, Heuel, Markus, Stolte, Stefan, Stiftungen in der Praxis, Wiesbaden (Gabler) 2007, S. 29

3 Erscheinungsformen von Stiftungen

In Deutschland können Stiftungen in vielfältigen Erscheinungsformen auftreten. Folgende Abbildung zeigt die verschiedenen Erscheinungsformen von Stiftungen, unterschieden nach rechtsfähig und nicht rechtsfähig sowie Stiftungsersatzformen:

**Abb. 6: Verschiedene Erscheinungsformen von Stiftungen
(Quelle: eigene Darstellung)**

3.1 Abgrenzung öffentlich-rechtlicher, privatrechtlicher und öffentlicher Stiftungen

Rechtsfähige Stiftungen können in privatrechtlicher und öffentlich-rechtlicher Form unterschieden werden. Stiftungen des bürgerlichen Rechts sind privatrechtliche Stiftungen und werden in §§ 80 ff. BGB geregelt. Sie können als Familienstiftungen oder als Unternehmens- oder Beteiligungsträgerstiftungen bestehen. Bei diesen werden einzelne Privatinteressen einer Familie oder eines Unternehmers bzw. Unternehmens berücksichtigt. Staatliche, kommunale und kirchliche Stiftungen gehören zu den öffentlich-rechtlichen Stiftungen. Diese werden dann von staatlichen Hoheitsträgern oder der Kirche nach eigenen Rechtsvorschriften errichtet und verwaltet. Im Sinne des Stiftungsrechts sind somit privatrechtliche als auch öffentlich-rechtliche Stiftungen selbstständige Stiftungen mit eigener Rechtspersönlichkeit.[16]

Allerdings spielen Stiftungen des öffentlichen Rechts für Privatpersonen keine Rolle und sollen hier somit vernachlässigt werden.

3.2 Rechtsfähige und nicht rechtsfähige Stiftungen

Wie bereits erwähnt, regeln die §§ 80 ff. BGB die rechtsfähige Stiftung. Diese ist von der unselbstständigen, treuhänderischen oder fiduziarischen Stiftung zu unterscheiden. Im Vergleich zur rechtsfähigen Stiftung ist die unselbstständige oder fiduziarische Stiftung nicht Trägerin einer eigenen Rechtspersönlichkeit.[17] Die unselbstständige Stiftung wird nicht selbst mit Vermögen ausgestattet, sondern das Vermögen des Stifters geht, mit der Maßgabe einen bestimmten Zweck dauerhaft zu verfolgen, in das Eigentum einer natürlichen bzw. juristischen Person über und ist dort getrennt vom sonstigen Vermögen zu verwalten.[18] Sie spielt in der Praxis eine nicht unerhebliche Rolle. Stifter können somit auch kleinere Vermögen nachhaltig einem bestimmten Zweck widmen. Da weder die Vorschriften für Stiftungen des BGB noch die Landesstiftungsgesetze auf die Treuhandstiftung Anwendung finden ist daher das Schuld-, Sachen- und Erbrecht des BGB maßgeblich. Auch erfolgt eine steuerliche Gleichbehandlung gemeinnütziger rechtsfähiger Stiftungen des bürgerlichen Rechts und der Treuhandstiftungen.[19]

Die nicht rechtsfähige Stiftung kann aber zu Recht als Stiftung bezeichnet werden, da sie alle Wesensmerkmale einer Stiftung (d.h. Stiftungszweck, -vermögen, Dauerhaftigkeit, Mindestmaß an Organisation) aufweist. Des Weiteren müssen Stifter und der Stiftungsträger verschiedene Personen sein. Vorteil einer unselbst-

---

[16] Vgl. Wigand, Klaus et al., a.a.O., S. 35
[17] Vgl. *Hof* in Seifart/v. Campenhausen § 36 Rdn. 1
[18] Vgl. *v. Campenhausen* in Seifart/v. Campenhausen § 2 Rdn. 4
[19] Vgl. Wigand, Klaus et al., a.a.O., S. 39

ständigen Stiftung ist, dass sie kein staatliches Anerkennungsverfahren durchlaufen muss. Außerdem unterliegt die unselbstständige Stiftung nicht der Stiftungsaufsicht und somit einer wirksamen Kontrolle.[20]

Wenn kleine Stiftungsvermögen (z. B. unter 50.000 Euro) nachhaltig einem bestimmten Zweck gewidmet werden soll, kann eine unselbstständige Stiftung in Betracht kommen. Sie ist vorteilhaft, wenn Förderstiftungen und Stifter keine eigenen Projekte betreiben können oder möchten.[21]

3.3 Rechtlich selbstständige Stiftungen des bürgerlichen Rechts

Die rechtsfähige oder selbstständige Stiftung wird durch die §§ 80 ff. BGB und die Landesstiftungsgesetze sowie durch die individuell ausgestaltete Satzung geregelt. Stiftungen des bürgerlichen Rechts können sowohl Privatinteressen als auch dem Gemeinwohl dienen. In manchen Stiftungsgesetzen der Länder werden rechtsfähige Stiftungen bürgerlichen Rechts, die dem Gemeinwohl dienen, als öffentliche Stiftungen bürgerlichen Rechts bezeichnet. Private und sog. öffentliche Stiftungen bürgerlichen Rechts können im Kriterium der Privatnützigkeit unterschieden werden. Während private Stiftungen, deren Zweck einem begrenzten Personenkreis oder Unternehmen zugute kommen soll, begünstigen öffentliche Stiftungen die Allgemeinheit. Anerkannte Zwecke wären Wissenschaft, Forschung, Bildung, Erziehung, Denkmalpflege u.ä.[22]

3.3.1 Unternehmensstiftungen

Unternehmens- und Unternehmensträgerstiftungen sind eine Sonderform der Stiftung des privaten Rechts und sind nach ihrer Zweckbestimmung entweder eine Familienstiftung oder eine gemeinnützige Stiftung. In der Fachliteratur wird dieser Begriff unterschiedlich verwendet. Einerseits können darunter Stiftungen verstanden werden, die ein Unternehmen unmittelbar betreiben, andererseits auch Stif-

---

[20] Vgl. Otto, Lieselotte, a.a.O., S. 6
[21] Vgl. Otto, Lieselotte, a.a.O., S. 7
[22] Vgl. Wigand, Klaus et al., a.a.O., S. 36

tungen, die über eine beherrschende Beteiligung an einer Kapitalgesellschaft verfügen. Außerdem kann unter dem Begriff die Anlage des Stiftungsvermögens in einem Unternehmen und die Herkunft von Mitteln aus einem Unternehmen sowie die Einflussnahme auf ein Unternehmen verstanden werden.[23]

Unternehmensstiftungen können in verschiedenen Formen auftreten, als Unternehmens-, Beteiligungsträger- und Komplementärstiftungen. Dabei muss zwischen unmittelbaren und mittelbaren Unternehmens-(träger)-Stiftungen unterschieden werden. Verfügt eine Stiftung über eine beherrschende Beteiligung an einer Kapital- oder Personengesellschaft, wird sie als Unternehmensträgerstiftung (z.B. Bertelsmann-Stiftung) oder Stiftungen, die unmittelbar ein Unternehmen betreiben als Unternehmensstiftungen bezeichnet.

Durch den wesentlichen Vorteil der größeren Flexibilität, einerseits durch die Eigenfinanzierung (Aufnahme neuer Mitglieder), andererseits durch die Möglichkeit der Fremdfinanzierung, z. B. durch Anleihen, ist die Beteiligungsträgerstiftung sehr verbreitet.[24]

Vorteile einer Unternehmensstiftung sind die Haftungsbeschränkung, die Trennung von Herrschaftsmacht und Gesellschafterstellung, sowie die Sicherung der Unternehmenskontinuität und die Mitbestimmungsfreiheit. Für die Unternehmensnachfolge kann eine Unternehmensstiftung ein wertvolles Instrument sein, da Gesellschafterinteressen zusammengefasst und die Erhaltung des Unternehmens und seines Kapitals sowie die Kontinuität der Unternehmensführung gewährleistet werden.[25]

3.3.2 Familienstiftungen

Die Familienstiftung ist die wichtigste Gruppe der privaten bzw. gemeinnützigen Stiftungen und dient im besonderen Maße den Interessen oder dem Wohl einer

---

[23] Vgl. Schick/Schmidt/Ries/Walbröl, Praxis-Handbuch Stiftungen, Regensburg/Berlin (Walhalla) 2001, S. 38
[24] Vgl. Werner Olaf, Saenger Ingo (Hrsg.), Die Stiftung, Berlin (Berliner Wissenschafts-Verlag) 2008, S. 113
[25] Vgl. Wigand, Klaus et al., a.a.O., S. 37

oder mehrerer Familien und ist damit zumeist privatnützig. Sie werden durch ihren ideellen bzw. familiären Zweck von anderen Stiftungen unterschieden. So sollen ausschließlich bzw. überwiegend der Nutzen einer Familie und deren Mitglieder im Vordergrund stehen.[26] Eine Gemeinwohlorientierung oder Gemeinnützigkeit im Sinne des Steuerrechts wird allerdings nicht ausgeschlossen.[27]

Für den Begriff der Familienstiftung gibt es keine einheitliche Regelung und sie wird auch im BGB nicht erwähnt. Es existieren aber sowohl unterschiedliche landesrechtliche Regelungen als auch unterschiedliche steuerliche Vorschriften.[28] Die Landesstiftungsgesetze definieren eine Familienstiftung als solche, die dem Wohl oder Interesse einer oder mehrerer Familien zu dienen hat.[29]

Im Steuerrecht finden sich Definitionen in § 15 Abs. 2 AStG und in § 1 Abs. 1 Nr. 4 ErbStG. Nach § 15 Abs. 2 AStG liegt eine Familienstiftung dann vor, wenn der Stifter und seine Angehörigen mehr als die Hälfte der Leistungen beziehen. Dagegen wird der Begriff Familienstiftung im Erbschaftsteuergesetz nicht verwendet, sondern in § 1 Abs. 1 Nr.4 ErbStG als solcher definiert, wenn eine Stiftung wesentlich im Interesse einer Familie oder bestimmter Familien errichtet worden ist und unterliegt somit auch der Erbschaftsteuer.

Den Familienmitgliedern kommen die Erträge der Stiftung zugute. Die Vermeidung der Zerschlagung des Familienvermögens durch Erbfälle kann ein Grund sein, weshalb eine Familienstiftung errichtet werden kann und untersteht somit nur eingeschränkt der staatlichen Aufsicht.[30]

Da bei Familienstiftungen die Gemeinwohlorientierung fehlt, werden sie nicht wie gemeinnützige Stiftungen behandelt und somit auch nicht von der Steuer befreit. Erbschaftsteuerliche Vorteile können sich gegenüber der natürlichen Erbfolge beim Stifter ergeben. Allerdings sind deutsche Familienstiftungen alle 30 Jahre zur Besteuerung des gesamten Stiftungsvermögens durch die Erbersatzsteuer ver-

---

[26] Vgl. Wigand, Klaus et al., a.a.O., S. 37
[27] Vgl. Werner, Olaf, Saenger, Ingo (Hrsg.), a.a.O., S. 107
[28] Vgl. Münch. Hdb. GesR Bd. V / Richter § 80 Rdn. 3
[29] Vgl. Münch. Hdd. GesR Bd. V / Richter § 80 Rdn. 4
[30] Vgl. Pues, Lothar, Scheerbarth, Walter, Gemeinnützige Stiftungen im Zivil- und Steuerrecht, München (Beck) 2008, S. 5

pflichtet. Die Möglichkeit die Erbersatzsteuer auf die Dauer von 30 Jahren zu verrenten ist ein weiterer Vorteil für die Familienstiftung.[31]

Familienstiftungen können inzwischen in allen Bundesländern errichtet und anerkannt werden.

3.3.3 Bürgerstiftungen

In der deutschen Stiftungslandschaft gewinnt die Bürgerstiftung als relativ junge Erscheinungsform zunehmende Bedeutung. Allerdings hat sich noch keine richtige Definition des Begriffs herausgebildet. Der Bundesverband Deutscher Stiftungen hat einen Merkmalskatalog[32] bestimmt, nach dem Bürgerstiftungen durch folgende Merkmale geprägt sind:

- Gemeinnützigkeit,

- durch eine Mehrzahl von Stiftern errichtet,

- wirtschaftlich, politisch und konfessionell unabhängig,

- geographisch begrenzt tätig,

- auf Kapitalzuwachs durch Zustiftungen, Projektspenden und unselbstständige Stiftungen angelegt,

- durch eine transparente Arbeit unter aktiver Teilnahme der Stifter.

Ziel einer Bürgerstiftung ist es, einer größeren Zahl von Bürgern und Unternehmen die Möglichkeit zu bieten, dass diese ihre verschiedenen gemeinnützigen Zwecke unter einem gemeinsamen Dach realisieren können. Die Bürger können auch selbst durch stiftungseigene Projekte operativ tätig werden und beschränkt sich nicht nur auf deren finanzielle Unterstützung. Durch diesen Umstand kann sich die Werbung neuer Zustifter positiv auswirken, da dieses neuartige Stiftungsmodell sehr attraktiv ist.[33] Im Vordergrund stehen somit das gemeinsame bürgerschaftli-

---

[31] Vgl. Wigand, Klaus et al., a.a.O., S. 37
[32] Vgl. Kaper, Aaltje, Bürgerstiftungen, Baden-Baden (Nomos) 2006, S. 36
[33] Pues Lothar, Scheerbarth Walter, a.a.O., S. 9

che Engagement in der Gemeinde oder Region und der erforderliche langfristige Vermögensaufbau. Sie ist auch die am schnellsten wachsende Stiftungsform.[34]

Bürgerstiftungen werden auch als Stiftungen „von Bürgern für Bürger" bezeichnet und sind nach bürgerlichem Recht rechtsfähig.

3.3.4 Gemeinnützige Stiftungen

Stiftungen, die steuerbegünstigte Zwecke im Sinne der Abgabenordnung (§§ 51 ff. AO) erfüllen, also dem Gemeinwohl verpflichtet sind und somit steuerbefreit sind, bezeichnet man als gemeinnützige Stiftungen. Gemeinnützige Zwecke sowie mildtätige oder kirchliche Zwecke gehören zu den steuerbegünstigten Zwecken der Abgabenordnung. Wenn eine Stiftung mehrere Zwecke hat, dann muss jeder Zweck steuerbegünstigt sein.[35]

Eine Stiftung verfolgt gemeinnützige Zwecke im Sinne des Steuerrechts (AO), wenn ihre Tätigkeit darauf gerichtet ist, die Allgemeinheit auf materiellem, geistigem oder sittlichen Gebiet selbstlos zu fördern. Insbesondere die Förderung von Wissenschaft und Forschung, Bildung und Erziehung, Kunst und Kultur etc. sind als gemeinnützige Zwecke anerkannt.[36]

Zwecke, die darauf gerichtet sind, Personen selbstlos zu unterstützen, die infolge ihres körperlichen, geistigen oder seelischen Zustands auf die Hilfe anderer angewiesen sind oder sich wirtschaftlich nicht selbst unterhalten können, werden als mildtätig bezeichnet.[37]

Dagegen verfolgt eine Stiftung kirchliche Zwecke, wenn ihre Tätigkeit darauf gerichtet ist, eine Religionsgemeinschaft, die Körperschaft des öffentlichen Rechts ist, selbstlos zu fördern.[38]

---

[34] Vgl. Wigand, Klaus et al., a.a.O., S. 38
[35] Vgl. Wigand, Klaus et al., a.a.O., S. 38
[36] Vgl. § 52 AO
[37] Vgl. § 53 AO
[38] Vgl. § 54 AO

Indem private Mittel und Möglichkeiten zur Lösung öffentlicher Aufgaben in gemeinnützige Stiftungen eingebracht werden und somit für die Verbesserung der Lebenslagen von Menschen sowie für die Entwicklungen in der Gesellschaft von großer Bedeutung sind, kennen die Finanzbehörden die Steuerbegünstigung der Stiftungen an und werden auch von der Körperschaftsteuer befreit. Außerdem bestehen weitere Steuervergünstigungen im Bereich der Gewerbe-, Umsatz- und Grundsteuer. Zuwendungen des Stifters und Dritter sind von der Erbschaft- und Schenkungsteuer befreit. Gemeinnützige Stiftungen können sowohl rechtsfähige Stiftungen bürgerlichen Rechts als auch unselbstständige Stiftungen, sog. Treuhandstiftungen sein. In der Regel sind Bürgerstiftungen, Stiftungs-GmbHs und Stiftungsvereine, kirchliche und kommunale Stiftungen gemeinnützig. Gemeinnützig können in diesem Sinne auch Unternehmensstiftungen sein.[39]

3.3.5 Stiftungs-GmbH und Stiftungsverein

Stiftungen können wie bereits erwähnt auch andere Rechtsformen annehmen. Eine Möglichkeit wäre die Errichtung einer Stiftungs-GmbH. Dabei wird eine Gesellschaft mit beschränkter Haftung als „Stiftungs-GmbH" bezeichnet, wenn sie hinsichtlich des Zweckes und der Gewinnzuwendung ähnliche Ziele verfolgt wie eine echte Stiftung des bürgerlichen Rechts. Allerdings dürfen keine erwerbswirtschaftlichen Zwecke verfolgt werden. Ähnlich wie bei einer Stiftung müssen Gesellschaftszweck und Gesellschafterwille dauerhaft verfolgt werden. Als bekanntes Beispiel wäre die Robert-Bosch-Stiftung zu nennen.[40]

Der „Stiftungsverein" dagegen fällt wie die Stiftungs-GmbH nicht unter das Stiftungsrecht. Es werden die §§ 21 ff. BGB des Vereinsrechts angewandt. Durch den Gründungsbeschluss der Mitglieder und die Eintragung in das Vereinsregister (§ 21 BGB) wird ein Stiftungsverein gegründet. Die Gründung ist wesentlich schneller und unabhängiger als die einer rechtsfähigen Stiftung.[41]

---

[39] Vgl. Wigand, Klaus et al., a.a.O., S. 38
[40] Vgl. Götz Freiherr von Rotenhan in: Strachwitz Rupert Graf, Mercker Florian (Hrsg.), Stiftungen in Theorie, Recht und Praxis, Berlin (Duncker & Humblot) 2005, S. 313
[41] Vgl. Werner Olaf, Saenger Ingo (Hrsg.), a.a.O., S. 16

Beide Konstruktionen bieten gewisse Vorteile. Zum einen kann je nach Gesellschaftsvertrag bzw. Mitgliederversammlung der Stiftungszweck leichter verändert werden, zum anderen besteht weder eine Genehmigungspflicht noch Aufsicht durch die Stiftungsbehörde. Auch kann eine Stiftungs-GmbH im Vergleich zu einer bürgerlich-rechtlichen Stiftung u. U. geeigneter sein, wenn der Stifter eine Stiftung auf Zeit errichten will.[42]

Gemeinnützige GmbHs und gemeinnützige Vereine treten in der Praxis auch nach außen hin häufig als Stiftungen auf. Dabei wird nur auf die Gemeinwohlorientierung der GmbH hingewiesen. Um der staatlichen Aufsicht und Kontrolle zu entgehen, der rechtsfähige Stiftungen bürgerlichen Rechts unterliegen, wird bei einer GmbH oder eines Vereins häufig der Zusatz der Stiftung gewählt. Da der Begriff der „Stiftung" kein geschützter Rechtsbegriff des Handelsrechts ist und diese Firmierung von Handelsgesellschaften oder Vereinen anderen Rechtsvorschriften nicht widersprechen, bezeichnen sich gemeinnützige Gesellschaften oder Vereine häufig als Stiftungen oder führen den Begriff auch in ihrer Handelsfirma. Dabei profitieren sie von dem positiven Image dieses Ausdrucks. Eine Stiftungs-GmbH und ein Stiftungsverein unterliegen unabhängig von den steuerbegünstigten Zwecken und der steuerlichen Anerkennung uneingeschränkt dem Handels-, GmbH- bzw. dem Vereinsrecht. Außenstehende Gesellschafter-Eigentümer bzw. die Mit-glieder besitzen daher die Stiftungs-GmbH oder den Stiftungsverein und gehören nicht wie eine rechtsfähige Stiftung sich selbst. Ein Vorteil wäre, dass eine Stiftungs-GmbH oder ein Stiftungsverein ohne große rechtliche Schwierigkeiten wieder aufgelöst werden kann. Allerdings müssen dabei erhebliche steuerliche Nachteile berücksichtigt werden und auch der Stifterwille ist bei dieser Rechtsform vor der Entscheidung der Gesellschafterversammlung nicht abgesichert.[43]

---

[42] Vgl. Götz Freiherr von Rotenhan in: Strachwitz Rupert Graf, Mercker Florian (Hrsg.), Stiftungen in Theorie, Recht und Praxis, Berlin (Duncker & Humblot) 2005, S. 313
[43] Vgl. Wigand Klaus et al., a.a.O., S. 39

3.4 Besondere Gestaltungsformen der Stiftung

Im Folgenden sollen zwei besondere Gestaltungsformen der Stiftung im Rahmen der Unternehmensnachfolge dargestellt werden: die Stiftung & Co. KG oder die Doppelstiftung. Sie zählen zu den unternehmensverbundenen Stiftungen.

3.4.1 Stiftung & Co. KG

Die Rechtsform der Stiftung & Co. KG kann eine interessante Gestaltungsform sein, wenn der Unternehmer das unternehmerische Vermögen seiner Familie überlassen will, ihr aber jeden Einfluss auf die Führung des Unternehmens entziehen will.

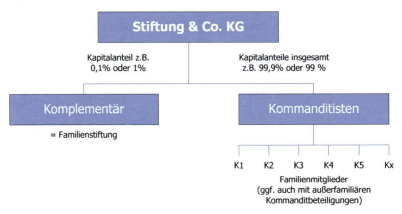

Abb. 7: Stiftung & Co. KG

Die Stiftung ist bei einer Stiftung & Co. KG Komplementärin einer KG, Kommanditisten sind Mitglieder der Familie des Stifters oder dritte Personen. In der Regel sind die Kommanditisten wie bei einer GmbH & Co. KG zugleich Destinatäre der Stiftung. Es tritt dadurch eine ähnliche haftungsrechtliche Privilegierung ein. Ein weiterer Vorteil ist, dass die Stiftung nicht von Publizitäts- oder Mitbestimmungsvorschriften erfasst wird. Allerdings unterliegt die Stiftung & Co. KG den für Kapitalgesellschaften geltenden Publizitätsvorschriften.[44]

---

[44] Vgl. Werner, Olaf, Saenger, Ingo (Hrsg.), a.a.O., S. 116

Je nach Ausgestaltung können mit der Gründung einer Stiftung & Co. KG die unterschiedlichsten Zwecksetzungen verfolgt werden. Dabei wäre denkbar, dass eine Komplementärstiftung mit großem Kapitalanteil und entsprechenden Stimmrechten ausgestattet werden kann. Mit dem Vorzug, dass zusätzliches Kapital über die Kommanditisten gewonnen werden kann, nähert sich die Stiftung & Co. KG einer (reinen) Beteiligungsträgerstiftung an. Die hohen Kapitalanforderungen und der große Gestaltungsaufwand können aber grundsätzliche Nachteile der Stiftung & Co. KG sein.[45]

Vorteil einer Stiftung & Co. KG ist, dass § 15 Abs. 3 Nr. 2 EStG nicht gilt. Daher ist für nicht gewerbliche Personengemeinschaften die Stiftung & Co. KG geeignet.

3.4.2 Doppelstiftung

Ein weiteres Modell einer Beteiligungsträgerstiftung ist die Doppelstiftung. Mit dieser Konstruktion sollen dabei die Steuervorteile einer gemeinnützigen Stiftung mit der Führung des Unternehmens durch die Familie des Stifters verbunden werden.[46]

Dabei sind eine Familienstiftung und eine gemeinnützige Stiftung Gesellschafter einer GmbH. Während die Familienstiftung die Fortgeltung des Stifterwillens innerhalb des Unternehmens sichert und die vermögensrechtlichen Interessen der Familie vertritt, dient die gemeinnützige Stiftung der steuergünstigen Vermögensübertragung.[47] Nicht nur im Rahmen der Stiftung & Co. KG sondern vor allem bei Stiftungen, die Gesellschafter einer GmbH sind, ist diese Konstruktion denkbar.[48]

---

[45] Vgl. Werner, Olaf, Saenger, Ingo (Hrsg.), a.a.O., S. 117
[46] Vgl. Frieser, Andreas, Fachanwaltskommentar Erbrecht, Köln (Luchterhand) 2008, S. 10
[47] Vgl. Otto, Lieselotte, a.a.O., S. 117
[48] Vgl. Werner, Olaf, Saenger, Ingo (Hrsg.), a.a.O., S. 117

Abb. 8: Doppelstiftung

Die Gestaltung der Beteiligungsquoten ist dabei das Besondere an diesem Modell. Die gemeinnützige Stiftung besitzt im Regelfall eine Mehrheitsbeteiligung, die mehr als 90 % beträgt. Allerdings werden Stimmrechte erheblich eingeschränkt. Umgekehrt verhält es sich mit der Familienstiftung. Sie ist mit einem geringen Anteil am Stammkapital beteiligt, hat aber das wesentliche Stimmrecht und erhält auch den größeren Gewinnanteil. Organisatorisch sollen bei beiden Stiftungen zwei Organe gebildet werden, der Stiftungsvorstand und ein Stiftungsrat bzw. Kuratorium.[49]

Der Einfluss der Familie des Stifters auf das Unternehmen bzw. die Kapitalgesellschaft soll mittels der Stimmenmajorität der Familienstiftung aufrechterhalten werden.

---

[49] Vgl. Muscheler, Karlheinz, Stiftungsrecht, Baden-Baden (Nomos) 2005, S. 325

4 Die rechtsfähige Stiftung bürgerlichen Rechts

Die Entstehung einer rechtsfähigen Stiftung bürgerlichen Rechts ist an zwei Voraussetzungen gebunden: Als erstes muss ein privates Rechtsgeschäft (= Stiftungsgeschäft) abgeschlossen werden und anschließend muss dieses Rechtsgeschäft durch staatliche Anerkennung durch die Stiftungsaufsichtsbehörde gem. § 80 Abs. 1 BGB bestätigt werden.[50]

4.1 Stiftungsgeschäft

Bei einem Stiftungsgeschäft kann zwischen Stiftungserrichtung zu Lebzeiten (§ 81 BGB) und Stiftungserrichtung von Todes wegen (§ 83 BGB) unterschieden werden. Während bei einer Stiftung unter Lebenden der Stifter selbst die Entstehung und konkrete Ausgestaltung aktiv mitgestalten kann, entsteht eine Stiftung von Todes wegen erst nach dessen Tod.[51]

Dabei gliedert sich das Stiftungsgeschäft nach herrschender Meinung in zwei Teile: Zum einen in den organisatorischen (Satzung) und zum anderen in den vermögensrechtlichen Teil (Stiftungserklärung). Bei der Errichtung kann sich der Stifter durch einen Bevollmächtigten vertreten lassen.[52]

4.1.1 Stiftungserrichtung zu Lebzeiten

In § 81 Abs. 1 BGB sind die Anforderungen an das Stiftungsgeschäft unter Lebenden geregelt. Dabei muss das Stiftungsgeschäft die verbindliche Erklärung des Stifters enthalten, dass er sein Vermögen zur Erfüllung eines von ihm vorgegeben

---

[50] Vgl. Richter, Andreas, Länderbericht Deutschland, in: Richter/Wachter, Handbuch des internationalen Stiftungsrechts, Rdn. 13
[51] Vgl. Richter, Andreas, Länderbericht Deutschland, in: Richter/Wachter, Handbuch des internationalen Stiftungsrechts, Rdn. 14
[52] Vgl. Weber, Christiane, Stiftungen als Rechts- und Ausdrucksform Bürgerschaftlichen Engagements in Deutschland, Baden-Baden (Nomos) 2009, S. 91

Zwecks widmen will (§ 81 Abs. 1 S. 2 BGB). Des Weiteren muss nach § 81 Abs. 1 S. 3 BGB das Stiftungsgeschäft eine Satzung enthalten. Falls das Stiftungsgeschäft diesen Erfordernissen nicht genügt oder der Stifter vorher stirbt, erhält die Stiftung durch die zuständige Behörde vor der Anerkennung eine Satzung oder die unvollständige wird ergänzt (§ 81 Abs. 1 S. 4 i. V. m. § 83 S. 2 BGB).[53]

Die Stiftungserrichtung zu Lebzeiten ist eine einseitige, nicht empfangsbedürftige Willenserklärung des Stifters. Sie kann allerdings durch die Stiftungsaufsicht bis zur Erteilung der Anerkennung widerrufen werden. Aus dem Stiftungsgeschäft muss ersichtlich sein, dass eine selbstständige, mit eigener Rechtspersönlichkeit ausgestattete Stiftung geschaffen werden soll.[54] Bei juristischen Personen müssen die dafür zuständigen Organe unterzeichnen und die Vertretung soll kenntlich gemacht werden.[55]

4.1.2 Stiftungserrichtung von Todes wegen

Eine Stiftung von Todes wegen ist gesetzlich in §§ 83 f. BGB geregelt. Der Stifter kann durch Testament oder Erbvertrag sein Vermögen auf eine nach seinem Tod zu errichtenden Stiftung übertragen. Als Empfänger kann die rechtsfähige Stiftung dabei Alleinerbin, Miterbin, Vor- oder Nacherbin, Vermächtnisnehmerin oder Auflagenbegünstigte werden. Allerdings soll in diesem Fall eine Person ernannt werden, die die Auflagen durchsetzt.[56]

Zu beachten sind neben den stiftungsrechtlichen auch besondere erbrechtliche Form- und Inhaltsvorschriften über das Testament (§§ 2247 ff., 2265 ff. BGB) bzw. den Erbvertrag (§§ 2274 ff. BGB). Das Stiftungsgeschäft kann nur höchstpersönlich abgeschlossen werden und eine Stellvertretung ist unzulässig (§ 2064 f. BGB). Außerdem muss das Testament eigenhändig (§§ 2247, 2267 BGB) oder unter notarieller Aufsicht (§ 2232 BGB) errichtet werden. Der Erbvertrag muss

---

[53] Vgl. Richter, Andreas, Länderbericht Deutschland, in: Richter/Wachter, Handbuch des internationalen Stiftungsrechts, Rdn. 15
[54] Vgl. Otto, Lieselotte, a.a.O., S. 16
[55] Vgl. Werner, Olaf, Saenger, Ingo (Hrsg.), a.a.O., S. 201
[56] Vgl. Werner, Olaf, Saenger, Ingo (Hrsg.), a.a.O., S. 204

durch einen Notar beglaubigt (§ 2276 BGB) werden. Das Testament muss alle wesentlichen Angaben zur Stiftung enthalten, wenn diese durch eigenhändiges Testament errichtet werden soll. Eine maschinenschriftliche Satzung reicht nicht aus.[57]

4.2 Stiftungssatzung

Die Verfassung einer Stiftung bestimmt sich nach § 85 BGB durch Bundes- und Landesrecht und das Stiftungsgeschäft. Nach § 81 Abs. 1 S. 3 muss eine Satzung folgende Regelungen enthalten:

- den Namen der Stiftung

- den Sitz der Stiftung

- den Zweck der Stiftung

- das Vermögen der Stiftung

- die Bildung des Vorstands.

Diese Angaben sind somit Voraussetzungen, damit die Stiftung als rechtsfähige juristische Person anerkannt werden kann. Da die gesetzlichen Anforderungen des BGB minimal sind, kann die Satzung durch den Stifter erweitert werden und das ist auch zulässig, gewünscht und unerlässlich, wenn die Stiftung dauerhaft funktions-fähig sein soll.[58]

4.3 Wesensmerkmale der Stiftung

Somit lassen sich aus der Gesetzgebung, der Rechtsprechung und der Literatur charakteristische Eigenschaften feststellen, die das Wesen einer Stiftung ausma-

---

[57] Vgl. Richter, Andreas, Länderbericht Deutschland, in: Richter/Wachter, Handbuch des interna-tionalen Stiftungsrechts, Rdn. 20
[58] Vgl. Otto, Lieselotte, a.a.O., S. 33

chen: der Stiftungszweck, das Stiftungsvermögen und die Stiftungsorganisation. Diese drei Wesensmerkmale werden im Folgenden kurz dargestellt.

4.3.1 Stiftungszweck

Das eigentlich bestimmende Merkmal einer Stiftung ist der Stiftungszweck. Er muss von Dauer und von Stabilität sein und ist somit der Mittelpunkt jeder Stiftung und wird durch das Stiftungsgeschäft bzw. die Stiftungssatzung festgelegt. Mindestens ein Zweck ist dabei anzugeben, wobei eine Stiftung auch mehrere nebeneinander oder nacheinander sich ablösende, zeitlich befristete oder bedingte Zwecke haben kann. Dies ist nur dann sinnvoll, wenn ein Stiftungszweck irgendwann nicht mehr verwirklicht werden kann. Der Zweck der Stiftung unterliegt keinen inhaltlichen Vorgaben und kann weitgehend frei bestimmt werden. Damit Rechtsunsicherheit und Willkür verhindert werden, sollte der Stiftungszweck so klar und eindeutig wie möglich formuliert werden. § 87 Abs. 1. BGB besagt, dass gemeinwohlgefährdende Zwecke unzulässig sind. Insbesondere mildtätige, kirchliche oder gemeinnützige Zwecke im Sinne der §§ 51 ff. AO können als Stiftungszwecke in Betracht gezogen werden. Eine Änderung des Stiftungszwecks nach Errichtung der Stiftung ist durch die Stiftungsbehörde nur dann möglich, wenn die Erfüllung des Stiftungszwecks unmöglich geworden ist oder das Gemeinwohl gefährdet ist (§ 87 Abs. 1 BGB). Landesstiftungsgesetze lassen eine Änderung des Stiftungszwecks durch die Stiftungsorgane zwar zu, ist aber jedoch von stiftungsaufsichtsrecht-licher Genehmigung und der Zustimmung des noch lebenden Stifters abhängig.[59]

4.3.2 Stiftungsvermögen

Das Stiftungsvermögen bezeichnet die sachlichen Mittel, mit denen die Stiftung ihren Stiftungszweck erreichen soll und muss im Stiftungsgeschäft bzw. in der Stiftungssatzung festgelegt werden. Das Stiftungsvermögen besteht im weiteren

---

[59] Vgl. Wigand Klaus et al., a.a.O., S.53

Sinne aus allen zur Verwirklichung des Stiftungszwecks vorhandenen Mitteln. Im engeren Sinne wird dabei das Stiftungskapital (Grundstockvermögen) bezeichnet, das im Zeitpunkt der Errichtung einer Stiftung zugeordnet wurde und in seinem Bestand zu erhalten ist. Das Stiftungsvermögen kann dabei aus allen denkbaren Vermögenswerten bestehen. Eine Stiftung wird in aller Regel mit Barvermögen, Wertpapieren oder Immobilien, aber auch mit Unternehmensbeteiligungen und Rechten ausgestattet.[60]

Bestimmungen über eine Mindesthöhe des Stiftungsvermögens finden sich weder im BGB noch in den Stiftungsgesetzen der Länder. Stiftungsaufsichtsbehörden schlagen allerdings eine Mittel-Zweck-Relation vor, bei der der Zweck einer Stiftung nachhaltig und dauerhaft erfüllbar sein soll. Das bedeutet, dass das Stiftungsvermögen so gewählt werden soll, dass aus den erzielbaren Erträgen des Stiftungsvermögens der Stiftungszweck dauerhaft realisiert werden kann.[61]

Ein Mindestkapital von 50.000 Euro wird von den Stiftungsaufsichtsbehörden der Länder für die Gründung von selbstständigen Stiftungen mit eigener Stiftungsverwaltung als ausreichend angesehen. Die erwirtschafteten Erträge würden aber nicht ausreichen, um den Stiftungszweck erfüllen zu können. Die Stifter sollten sich daher an der steuerlichen Obergrenze für die Errichtung steuerbegünstigter Stiftungen orientieren, die aktuell bei rd. 300.000 Euro liegt. Nach der marktüblichen Kapitalverzinsung ist ein deutlich höheres Stiftungsvermögen von 500.000 Euro sinnvoll, um eine rechtsfähige Stiftung errichten zu können. Bei einer Verzinsung von 5 % pro Jahr würden Erträge in Höhe von 25.000 Euro vor Abzug des Verwaltungsaufwands für den Stiftungszweck zur Verfügung stehen.[62]

Der Stifter sollte die Funktionsfähigkeit der Stiftung und ihre Zweckerfüllung sicherstellen, während er die Stiftung entweder durch regelmäßige Spenden oder Zustiftungen oder von Todes wegen mit weiterem Vermögen ausstattet. Für die Stiftungsaufsichtsbehörde ist dies ein wichtiges Kriterium, ob das zur Verfügung

---

[60] Vgl. Schick/Schmidt/Ries/Walbröl, Praxis-Handbuch Stiftungen, Regensburg/Berlin (Walhalla) 2001, S. 31
[61] Vgl. Wigand Klaus et al., a.a.O., S. 50
[62] Vgl. Otto, Lieselotte, a.a.O., S. 61

gestellte Stiftungsvermögen auf Dauer ausreicht, um die satzungsmäßigen Stiftungszwecke zu erfüllen.[63]

4.3.3 Stiftungsorganisation

Eine Stiftung ist nur durch ihre Organe handlungsfähig und als solche ein reines verselbstständigtes Zweckvermögen.[64]

Die innere Organisation macht die Stiftung im Rechtsverkehr rechts- und handlungsfähig und schafft Strukturen, die der Entscheidungsfindung dienen. Nur im Einzelfall lässt sich die richtige Organisationsstruktur vor dem Hintergrund der Stifterabsichten, des Stiftungszwecks und der Stifterausstattung finden bzw. beurteilen. Daher sind noch vor der Ausgestaltung und Formulierung des Stiftungsgeschäfts und der Stiftungssatzung mit dem Stifter intensive Vorüberlegungen und gründliche Gespräche notwendig. Gesetzliche Mindestanforderung ist, dass die Stiftung über einen Vorstand verfügen muss, der die Stiftung nach außen gerichtlich und außergerichtlich vertritt und für sie handelt. Das ergibt sich aus § 86 S. 1 BGB i. V. m. § 26 Abs. 1 BGB. Der Vorstand ist nach der gesetzlichen Regelung einziges Pflichtorgan. Andere Organisationsvorgaben, die gesetzlich vorgeschrieben sind, gibt es somit nicht. Je nach Stiftungszweck, Tätigkeit und Vermögensausstattung einer Stiftung kann es ratsam sein, den Vorstand zu vergrößern oder weitere beratende oder kontrollierende Stiftungsorgane (z.B. Stiftungsrat, Stiftungskuratorium) einzusetzen, um die Handlungsfähigkeit aufrecht zu erhalten. Dies hängt allerdings vom Willen des Stifters ab und muss in der Stiftungssatzung verankert werden.[65]

---

[63] Vgl. Wigand, Klaus et al., a.a.O., S. 51
[64] Vgl. Otto, Lieselotte, a.a.O., S. 39
[65] Vgl. Wigand, Klaus et al., a.a.O., S. 56

4.4 Geschäftsführung der Stiftung

Zur Erfüllung des Stiftungszwecks hat der Vorstand alle erforderlichen Geschäfte durchzuführen. Zum anderen muss er auch alle Entscheidungen treffen, die mit der Vermögensbewirtschaftung zu tun haben. Dem Vorstand steht bei Ausübung seiner Aufgaben ein ungewöhnlich breiter Handlungsspielraum offen. Gem. §§ 86, 27 Abs. 3 BGB kommt bei der Geschäftsführung grundsätzlich die für den Auftrag geltenden Vorschriften nach § 664 ff. BGB in Frage und wird dadurch freier gestellt, da es keinen Auftraggeber gibt.

Der Vorstand ist der gesetzliche Vertreter der Stiftung und vertritt sie nach §§ 86 S. 1, 26 Abs. 1 BGB gerichtlich und außergerichtlich. Eine Stiftung wird nach außen durch den Gesamtvorstand vertreten (§ 26 Abs. 2 BGB). Ausnahmen gibt es nur, wenn für bestimmte Organmitglieder die Einzelvertretungsbefugnis in der Stiftungssatzung vorgesehen ist. Einzelnen Vorstandsmitgliedern kann im Falle der Gesamtvertretung die Vertretungsmacht übertragen werden. Allerdings sollte dies in der Satzung festgeschrieben werden. Auch der Vorstandsvorsitzende hat keine alleinige Vertretung nach außen, dies ist nur durch einen ausdrücklichen Beschluss möglich. Nach §§ 86, 26 Abs. 2 S. 2 BGB sind Willenserklärungen gegenüber der Stiftung auch dann wirksam abgegeben, wenn sie nur einem Vorstandsmitglied zugegangen sind.

Im Außenverhältnis besteht in der Regel eine unbeschränkte Vertretungsmacht des Vorstandes. Die Vertretungsmacht kann mit Wirkung gegenüber Dritten in der Satzung nach §§ 86, 26 Abs. 1 S. 3 BGB beschränkt werden. Jedoch kann für Geschäfte, die nach dem Stiftungszweck für eine ordnungsgemäße Verwaltung notwendig sind, die Vertretungsbefugnis des Vorstandes nicht ausgeschlossen werden.[66]

---

[66] Vgl. Pues, Lothar, Scheerbarth, Walter, a.a.O., S. 42

Außerdem gilt das Verbot des Selbstkontrahierens (§ 181 BGB), wenn durch die Stiftungssatzung keine Befreiung vorgesehen ist. Ein Vertreter der Stiftung kann nicht mit sich selbst als Privatperson Rechtsgeschäfte tätigen.[67]

4.5 Haftung einer Stiftung und ihrer Organe

Haftungsfragen können durch Teilnahme am Rechtsverkehr der Stiftung und ihrer Organe auftreten. Für Verbindlichkeiten, die aufgrund ordnungsgemäßer Vertretung begründet wurden, haftet die Stiftung mit ihrem Vermögen. Daneben kann einerseits eine Haftung für das Handeln der Organe, andererseits die eigenständige Haftung der Organmitglieder selbst in Betracht kommen.

Nach § 86 BGB kann § 31 BGB auf Stiftungen angewandt werden. Wird einem Dritten durch ein Mitglied des Vorstands oder anderer satzungsmäßig berufener Vertreter Schaden zugefügt, ist die Stiftung dafür verantwortlich. Allerdings muss er die zum Schadensersatz verpflichtende Handlung in Ausübung seiner Tätigkeit begangen haben. Da § 31 BGB kein selbstständiger Haftungstatbestand ist, handelt es sich vielmehr um eine Zurechnungsnorm. Die Voraussetzungen der Haftung ergeben sich im Einzelnen dann aus Vertrag oder Gesetz. Ein Ausschluss der Haftung kann in der Satzung nicht vorgenommen werden, da außenstehende Geschädigte benachteiligt werden können. Die Stiftung haftet für anderweitige Mitarbeiter und Bevollmächtigte nach den allgemeinen Vorschriften, bei vertraglichen Schuldverhältnissen gem. § 278 BGB. Ferner besteht eine Haftung nach § 831 BGB. Die Stiftung hat die Möglichkeit sich freisprechen zu lassen, wenn der Beweis erbracht wird, dass der Verrichtungsgehilfe ordnungsgemäß ausgewählt wurde.

Darüber hinaus unterliegen die Organmitglieder der Stiftung der Haftung auf Schadensersatz, aus positiver Vertragsverletzung des Dienstvertrags oder des Auftragsverhältnisses[68], wenn sie ihre Aufgaben schuldhaft verletzt haben. Grundsätzlich besteht der allgemeine Haftungsmaßstab nach § 276 BGB, d.h. die Or-

---

[67] Vgl. Otto, Lieselotte, a.a.O., S. 42
[68] § 664 ff. BGB

ganmit-glieder haften somit auch für leichte Fahrlässigkeit. Da die Organmitglieder verpflichtet sind, das Stiftungsvermögen ordnungsgemäß zu verwalten, entstehen auch nur durch leichte Fahrlässigkeit hohe Haftungsrisiken.[69]

Neben der Innen- und Außenhaftung können auch noch steuerliche Haftungstatbestände in Betracht kommen. Nach § 69 AO haften die gesetzlichen Vertreter persönlich für Ansprüche aus dem Steuerschuldverhältnis, falls diese infolge vorsätzlicher oder grob fahrlässiger Verletzung der steuerlichen Pflichten nicht oder nicht rechtzeitig erfüllt werden. Außerdem kann nach §§ 10b Abs. 4 EStG, 9 Abs. 3 KStG eine Haftung für die entgangene Steuer in Höhe von 30 % entstehen, wenn vorsätzlich oder grob fahrlässig unrichtige Spendenbestätigungen ausgestellt oder die Zuwendungen nicht zu den in der Bestätigung angegebenen steuerbegünstigten Zwecken verwendet worden sind.

---

[69]   Vgl. Pues, Lothar, Scheerbarth, Walter, a.a.O., S. 54

5 Stiftungssteuerrecht

Bei der Besteuerung einer Stiftung ist zu unterscheiden zwischen der Besteuerung bei Errichtung, der laufenden Besteuerung einschließlich späterer Zustiftungen und Zuwendungen sowie der Besteuerung bei der Beendigung der Stiftung. Es erfolgt eine Darstellung der Besteuerung der damit verbundenen natürlichen oder juristischen Personen, also Stifter, Stiftung und Destinatäre/Empfänger.

Grundsätzlich lässt sich sagen, dass die gemeinnützige Stiftung fast vollkommen steuerbefreit ist, solange sie gemeinnützige Zwecke erfüllt. So entfallen sowohl die Erbschaft- und Schenkungsteuer wie auch die Vermögen- und Gewerbesteuer. Lediglich bei Einnahmen aus einer wirtschaftlichen Tätigkeit kann Umsatzsteuer anfallen. Bei der Besteuerung einer gemeinnützigen Stiftung ist nach der sog. Vier-Sphären-Theorie vorzugehen. Die vier Sphären steuerbegünstigter Stiftungen sind:

- Ideeller Bereich
- Steuerfreie Vermögensverwaltung (§ 14 S. 3 AO)
- Steuerpflichtiger wirtschaftlicher Geschäftsbetrieb (§ 64 AO)
- Steuerfreie Zweckbetriebe (§ 65 AO)

Aus der Rechnungslegung (siehe Kapitel 6) muss sich die Trennung der steuerbefreiten Bereiche vom steuerpflichtigen wirtschaftlichen Geschäftsbetrieb nachvollziehen lassen. Die Stiftung wäre sonst nicht selbstlos tätig und ihre Steuerbefreiung wäre dadurch gefährdet.[70]

---

[70] Vgl. Wigand Klaus et al., a.a.O., S. 137

5.1 Besteuerung bei Errichtung einer Stiftung

5.1.1 Erbschaft- und Schenkungsteuer

Zuwendungen, die eine Stiftung bei Errichtung oder während ihres Bestehens erhält, unterliegen der Erbschaft- oder Schenkungsteuer. Eine Stiftung unterliegt nach §§ 1, 3 Abs. 2 Nr. 1 ErbStG der Erbschaftsteuer, wenn Vermögen auf eine vom Erblasser angeordnete Stiftung oder nach §§ 1, 7 Abs. 1 Nr. 8 ErbStG der Schenkungsteuer, wenn Vermögen aufgrund eines Stiftungsgeschäfts unter Lebenden übertragen wird.

Nach § 1 Abs. 1 Nr. 3 ErbStG gilt die Steuerpflicht auch für spätere Zustiftungen. Dabei kann zum einen die persönliche Steuerpflicht des Stifters Anknüpfungspunkt sein, wenn er im Zeitpunkt der Schenkung bzw. seines Todes Inländer ist. Andererseits greift die sachliche Steuerpflicht, wenn der Sitz oder Geschäftsleitung der Stiftung im Inland ist (§ 2 Abs. 1 Nr. 1 ErbStG).

Die Stiftung ist jeweils der Steuerschuldner. Nach § 20 Abs. 1 ErbStG auch der Schenker bei einer Schenkung. Die Steuer entsteht bei der Ausstattung einer Stiftung unter Lebenden mit Ausführung der Zuwendung (§ 9 Abs. 1 Nr. 2 ErbStG), bei der Ausstattung einer Stiftung von Todes wegen erst mit deren Anerkennung (§ 9 Abs. 1 Nr. 1c ErbStG). Das zukünftige Stiftungsvermögen kann wie eine Zweckzuwendung (§ 1 Abs. 1 Nr. 3 ErbStG) besteuert werden, falls das Genehmigungsverfahren länger dauert.[71]

Nach § 13 Abs. 1 Nr. 16b ErbStG sind gemeinnützige Stiftungen von der Erbschaft- und Schenkungsteuer befreit. Die Stiftung muss dabei ihre Geschäftsleitung oder ihren Sitz im Inland haben.[72]

---

[71] Vgl. Berndt, Hans, Götz, Hellmut, Stiftung und Unternehmen, Herne/Berlin (Verlag Neue Wirtschafts-Briefe) 2009, S. 208
[72] § 2 Abs. 1 Nr. 2 ErbStG

5.1.2 Einkommensteuer und Körperschaftsteuer

Eine Stiftung ist bereits nach Unterzeichnung des Stiftungsgeschäfts und bei Tätigwerden körperschaftssteuerpflichtig. Wenn die Stiftung aus einem Betriebsvermögen und nicht aus einem Privatvermögen errichtet worden ist, kann beim Stifter Einkommensteuer oder Körperschaftsteuer entstehen, wenn die Zuwendungen zu einer Gewinnverwirklichung geführt haben. Man spricht von einer Entnahme zum Teilwert. Nach § 6 Abs. 3 EStG ist die unentgeltliche Übertragung eines Betriebs oder Teilbetriebs keine Entnahme mit Gewinnverwirklichung. Eine Aufdeckung von stillen Reserven wird nicht in Betracht gezogen, sollte die Stiftung die bisherigen Buchwerte fortführen. Falls der Stifter eine Körperschaft ist, gilt nach § 8 KStG selbiges. Werden aus dem Betriebsvermögen des Stifters einzelne Wirtschaftsgüter, z.B. Wertpapiere, Grundstücke, auf die Stiftung übertragen, sind diese mit einem gemeinen Wert zu bewerten (§ 6 Abs. 4 EStG). Falls der gemeine Wert höher als der Buchwert ist, ist dieser realisierte Gewinn steuerpflichtig. Werden einzelne Wirtschaftsgüter aus einem Betriebsvermögen an eine Stiftung übertragen, führt dies zu einer steuerpflichtigen Gewinnverwirklichung. Außer § 6 Abs. 1 Nr. 4 S. 2 EStG findet Anwendung.[73]

Steuerlich wird die Stiftung bei Errichtung durch die Vorschriften des § 10b Abs. 1a EStG mit einem Sonderausgabenabzugsbetrag i. H. v. bis zu 1 Mio. Euro bei der Einkommensteuer begünstigt. Die Zahlung muss allerdings an eine nach § 5 Nr. 9 KStG steuerbefreite (gemeinnützige) Stiftung gehen. Außerdem besteht die Möglichkeit einer weiteren Vermögensausstattung der Stiftung im Wege des Spendenabzugs in den Grenzen des § 10b Abs. 1 EStG. Zur weiteren Stärkung des körperschaftlichen Engagements wurde durch Gesetz der Spendenabzug vereinfacht und das Volumen des Gesamtbetrages der Einkünfte auf 20 % erhöht.[74]

---

[73] Vgl. Brönner, Herbert, Die Besteuerung der Gesellschaften, Stuttgart (Schäffer-Poeschel) 2007, S. 952

[74] Vgl. Rödding in Lüdicke/Sistermann, Unternehmenssteuerrecht, München (Beck) 2008, § 3 Rdn. 105

5.1.3 Sonstige Steuern

Bei der Errichtung einer Stiftung wird keine Umsatzsteuer erhoben, da kein steuerbarer Leistungsaustausch i. S. d. § 1 Nr. 1 UStG gegeben ist. Es handelt sich um eine freigebige, unentgeltliche Zuwendung. Des Weiteren sind Grundstückserwerbe von Todes wegen oder Grundstücksschenkungen unter Lebenden nach § 3 Nr. 2 GrEStG i. S. d. ErbStG von der Grunderwerbsteuer ausgenommen. Eine Grundstücksschenkung unterliegt der GrEStG, wenn diese mit einer Auflage verbunden ist und in der Höhe des Wertes ein entgeltlicher Vorgang angenommen wird (§ 3 Nr. 2 S. 2 GrEStG).[75]

5.2 Laufende Besteuerung der Stiftung und der Begünstigten

Bei der Ermittlung der Einkünfte wird eine Stiftung wie eine natürliche Person behandelt, die Einkünfte aus verschiedenen Einkommensarten erzielt. So kann diese unbeschränkt körperschaftssteuerpflichtig sein und je nach Umständen unterliegt sie auch der Gewerbesteuer, Umsatzsteuer und Grundsteuer. Bei einer Familienstiftung kann zusätzlich auch Erbschaft- und Schenkungsteuer anfallen. Eine gemeinnützige Stiftung ist von der Steuer befreit (§ 5 Abs. 1 Nr. 9 KStG), wenn sie ausschließlich und unmittelbar gemeinnützige Zwecke verfolgt.

5.2.1 Erbschaft- und Schenkungsteuer

Wird Vermögen auf eine Stiftung übertragen, unterliegt dieses der Erbschaft- oder Schenkungsteuer. Nach § 7 Abs. 1 Nr. 8 ErbStG unterliegen spätere Zuwendungen des Stifters oder Dritter der Schenkungsteuer. Der Erbschaftsteuer unterliegen die Erbeinsetzung, Vermächtnis oder Erwerb durch Schenkung auf den Todesfall (§ 3 Abs. 1 Nr. 1, 2 ErbStG). Bei Zweckzuwendungen erfolgt die Besteuerung nach Steuerklasse III (§ 15 Abs. 1 ErbStG).

---

[75] Vgl. Brönner Herbert, a.a.O., S. 952

Außerdem werden Zuwendungen innerhalb von zehn Jahren zusammengerechnet und besteuert (§ 14 ErbStG), wenn sie von der gleichen Person kommen. Nach § 14 Abs. 3 ErbStG darf die veranlasste Erbschaftsteuer 50 % des Erwerbs nicht übersteigen. Auch wird die Erbschaftsteuer nicht ausgelöst, wenn der Stiftungszweck durch eine Satzungsänderung nicht berührt wird.[76]

5.2.2 Erbersatzsteuer

Wenn kein Vermögen durch Erbschaft oder Schenkung auf einen anderen übertragen wird, erfolgt keine Belastung des Vermögens einer Stiftung durch die Erbschaftsteuer. Da das Vermögen einer Familienstiftung während ihres Bestehens erbschaftssteuerlich unangetastet bleiben soll, wird in einem Zeitabstand von jeweils 30 Jahren seit Errichtung der Stiftung das Vermögen der Erbschaftsbesteuerung unterzogen (Ersatzerbschaftsteuer), § 1 Abs. 1 Nr. 4 ErbStG. Es wird unterstellt, dass alle 30 Jahre ein Generationswechsel vollzogen wird und das gesamte Vermögen auf zwei Kinder übertragen wird. Dementsprechend kann durch zweimalige Anwendung des Freibetrages nach § 16 Abs. 1 Nr. 2 ErbStG ein Vermögen von insgesamt 800.000 Euro steuerfrei bleiben. Es können Steuerbefreiungen nach § 13a ErbStG auch bei Bemessung der Erbersatzsteuer gewährt werden, wenn zum Stiftungsvermögen Betriebsvermögen, land- und forstwirtschaftliches Vermögen und Anteile an Kapitalgesellschaften mit über 25 % (§ 13a Nr. 9 ErbStG) gehören. Ferner kann die Steuer gem. § 24 ErbStG bei einem Zinssatz von 5,5 % auf 30 Jahre verrentet werden. Die Erbersatzsteuer kann wie die Erbschaftsteuer bei der Einkommensermittlung nach § 10 Nr. 2 KStG nicht abgezogen werden.[77]

5.2.3 Körperschaft- und Einkommensteuer

Nach § 1 Abs. 1 Nr. 4, 5 KStG unterliegt eine Stiftung des privaten Rechts als sonstige juristische Person des Privatrechts unbeschränkt der Körperschaftsteuer, wenn sie ihren Sitz bzw. ihre Geschäftsleitung im Inland hat. Gemäß § 1 Abs. 2

---

[76] Vgl. Berndt, Hans, Götz, Hellmut, a.a.O., S. 254
[77] Vgl. Jacobs, Otto, Unternehmensbesteuerung und Rechtsform, München (Beck) 2009, S. 372f.

KStG unterliegen sämtliche Einkünfte der unbeschränkten Körperschaftsteuerpflicht. Falls die Stiftung ihren Sitz oder ihre Geschäftsleitung nicht im Inland hat, dann ist sie nur mit ihren inländischen Einkünften körperschaftssteuerpflichtig (§ 2 KStG).

Nach § 7 Abs. 1 KStG ist die Bemessungsgrundlage der Körperschaftsteuer das zu versteuernde Einkommen. Was als Einkommen gilt und wie es ermittelt wird, bestimmt sich nach § 8 Abs. 1 KStG nach den Vorschriften des Einkommensteuer- und des Körperschaftsteuergesetztes. Somit ermittelt sich das zu versteuernde Einkommen der Stiftung nach den §§ 2 ff. EStG. Die Stiftung kann grundsätzlich Einkünfte aller Einkunftsarten – Ausnahme: Einkünfte aus nichtselbstständiger Arbeit – erzielen. Wenn eine Stiftung aufgrund der Vorschriften des Handelsgesetzbuches verpflichtet ist, Bücher zu führen, sind nach § 8 Abs. 2 KStG alle Einkünfte als Einkünfte aus Gewerbebetrieb zu qualifizieren.

Wie bei allen anderen Kapitalgesellschaften auch, unterliegen daher die Stiftungserträge der normalen Besteuerung von derzeit 15 % des zu versteuernden Einkommens (§ 23 Abs. 1 KStG). Der Stiftung steht als unbeschränkt steuerpflichtige Körperschaft gemäß § 24 KStG ein Freibetrag in Höhe von 5.000 Euro (alt: 3.835 Euro) zu. Des Weiteren gelten die Regelungen des § 8b KStG auch für Stiftungen. Nach § 8b Abs. 1 KStG sind Ausschüttungen von Kapitalgesellschaften an steuerpflichtige Stiftungen körperschaftssteuerfrei.

5.2.4 Sonstige Steuern

Ist eine Stiftung unternehmerisch in einem gewerblichen Bereich tätig, so unterliegen diese Einkünfte ggf. auch der Gewerbesteuer oder der Umsatzsteuer. Daneben unterliegen Stiftungen, wie andere Steuersubjekte auch, der Grundsteuer oder der Grunderwerbsteuer. Außerdem sind sie als Arbeitgeber zum Abzug der Lohnsteuer verpflichtet.

Der Gewerbesteuer unterliegt jeder stehende Gewerbebetrieb, soweit dieser im Inland betrieben wird (§ 2 Abs. 1 GewStG). Der wirtschaftliche Geschäftsbetrieb einer rechtsfähigen Stiftung privaten Rechts gilt auch als Gewerbebetrieb (§ 2 Abs. 3 GewStG, § 14 AO).

Der Umsatzsteuer können Stiftungen als „Unternehmer" unterliegen, auch außerhalb eines wirtschaftlichen Geschäftsbetriebs oder Zweckbetriebs, wenn sie nachhaltig Tätigkeiten zur Erzielung von Einkünften ausüben.[78] Als Umsatz wird jeder entgeltliche Leistungsaustausch im Inland bezeichnet.[79] Werden Güter für den Eigenverbrauch entnommen oder werden Leistungen für Zwecke verbraucht, die außerhalb des Unternehmens liegen, gilt auch das als Umsatz.[80]

Im Weiteren soll auf die Grundsteuer, die Grunderwerbsteuer und die Lohnsteuer nicht weiter eingegangen werden.

5.2.5 Besteuerung der Destinatäre

Destinatäre, die auf Leistungen der Stiftung einen Anspruch haben, haben Einkünfte aus Kapitalvermögen nach § 20 Abs. 1 Nr. 9 EStG und unterliegen nach § 3 Nr. 40 d) der Abgeltungsteuer. Für derartige Einkünfte wird nach § 43 Abs. 1 Nr. 7a EStG die Kapitalertragsteuer in Höhe von 25 % erhoben. Außerdem hat die Stiftung die Kapitalertragsteuer einzubehalten (§ 44 Abs. 1 S. 3, S. 4 Nr. 1b EStG), anzumelden (§ 45a EStG) und abzuführen (§ 44 Abs. 1 S. 5 EStG). Außerdem muss dem Destinatär auf Verlangen eine Bescheinigung ausgestellt werden (§ 45a Abs. 2 EStG) und die einbehaltene Kapitalertragsteuer kann er sich nach § 36 Abs. 2 Nr. 2 EStG auf seine Einkommensteuer anrechnen lassen.

Sonstige Einkünfte, die wiederkehrende Bezüge i. S. d. § 22 Nr. 1 S. 2 EStG sind, sind steuerpflichtig, wenn die Leistungen der Stiftung freiwillig oder aufgrund freiwillig begründeter Rechtspflicht gewährt werden. Sie unterliegen ebenfalls der Abgeltungsteuer nach § 3 Nr. 40 i EStG, allerdings nicht dem Kapitalertragsteuerabzug. Dabei wird vorausgesetzt, dass sich wiederkehrende Bezüge i. S. d. § 22 Nr. 1 EStG aufgrund eines von vornherein gefassten einheitlichen Entschlusses

---

[78] § 2 UStG
[79] § 1 UStG
[80] § 3 Abs. 1b UStG

oder einheitlichen Rechtsgrundes und unabhängig von der Höhe mit einer gewissen Regelmäßigkeit wiederholen (R 22.1 EStR). Allerdings bedeutet dies, wenn keine wiederkehrenden Bezüge vorliegen, dass für die Zuwendung jeweils ein erneuter Beschluss gefasst werden muss (H 22.1 EStR) und derartige bzw. einmalige Bezüge somit nicht unter § 22 Nr. 1 EStG fallen. Wenn nach der Satzung die Destinatäre keinen Rechtsanspruch auf die Bezüge haben, erfolgt die Zuwendung freiwillig.[81]

Bezüge sind nach § 8b Abs. 1 KStG zu 95 % steuerfrei, wenn der Destinatär eine körperschaftssteuerpflichtige Körperschaft ist.

Dagegen gibt es regelmäßig keine Destinatäre bei den von der Körperschaft- und Gewerbesteuer befreiten Stiftungen. Außer es ergibt sich aus dem Stiftungszweck (z. B. Zuwendungen an Bedürftige) etwas anderes, dürfen diese steuerbegünstigten Stiftungen niemanden aus dem Stiftungsvermögen heraus begünstigen. Bei einer nicht-steuerbegünstigten Stiftung sind nach § 8 Abs. 3 KStG Zuwendungen nicht steuermindernd abzugsfähig, wenn Destinatäre diese satzungsmäßig erhalten.[82]

5.3 Besteuerung bei Aufhebung einer Stiftung

Wie bei ihrer Errichtung gelten für die Besteuerung bei Auflösung einer Stiftung ähnliche Regeln und Vorschriften. Die Erbschaft- und Schenkungsteuer ist gesetzlich vorgeschrieben. Die Körperschaftsteuer wird grundsätzlich nur dann erhoben, wenn ein Gewinn bei entgeltlicher Übertragung aus dem Betriebsvermögen realisiert wird, sowie bei Beteiligungen an Kapitalgesellschaften i. S. d. § 17 EStG.

---

[81] Vgl. Brandmüller, Gerhard, Lindner, Reinhold, Gewerbliche Stiftungen, Berlin (Erich Schmidt Verlag) 2005, S. 103
[82] Vgl. Koss Claus in: Strachwitz Rupert Graf, Mercker Florian (Hrsg.), Stiftungen in Theorie, Recht und Praxis, Berlin (Duncker & Humblot) 2005, S. 415

5.3.1 Erbschaft- und Schenkungsteuer

Vermögen, das bei der Aufhebung und anschließender Auflösung der Stiftung auf die Begünstigten unentgeltlich übertragen wird, wird wie eine Schenkung behandelt und unterliegt somit der Schenkungsteuer (§ 7 Abs. 1 Nr. 9 ErbStG). Der Stifter gilt nach geltendem Recht als Schenker und nicht mehr der zuletzt Bezugsberechtigte, sofern die Stiftung wesentlich im Interesse einer Familie oder bestimmter Familien im Inland errichtet worden ist (§ 15 Abs. 2 S. 1 ErbStG). Wenn das Vermögen an den Stifter selbst zurückfällt, ist Steuerklasse III anzuwenden. Es fehlt somit ein steuerpflichtiger Erwerb. Dieser gilt als Erwerb vom Stifter an sich selbst. Diese Regelung tritt nur bei endgültiger Aufhebung der Stiftung in Kraft.[83]

Außerdem greift die Steuerermäßigung des § 26 ErbStG, falls eine Familienstiftung in relativ kurzer Zeit nach dem Stichtag der Erbersatzsteuer aufgelöst wird. Dabei wird die Erbersatzsteuer zu 50 % bzw. 25 % auf die Erbschaft- und Schenkungsteuer angerechnet, wenn nicht mehr als zwei bzw. nicht mehr als vier Jahre zwischen Stiftungsauflösung und dem Stichtag für die Erbersatzsteuer liegen.[84]

5.3.2 Ertragsteuern

Im Rahmen der Besteuerung der Stiftung selbst, richtet sich die steuerliche Behandlung der Aufhebung (§ 87 BGB) bzw. der Liquidation (§§ 88 i. V. m. 47 BGB) nicht nach den Vorschriften des Körperschaftsteuerrechts (§ 11 Abs. 1 KStG). Stattdessen sind die maßgebenden steuerlichen Vorschriften für Vereine sinngemäß anzuwenden. Es gelten somit zur Veräußerung und Überlassung von Privat- und Betriebsvermögen die allgemeinen Regeln des Einkommensteuer- bzw. Gewerbesteuerrechts. Unabhängig von ihrer Entgeltlichkeit bleiben Übertragungen aus dem Privatvermögen der Stiftung ertragsteuerlich unbeachtlich. Allerdings

---

[83] Vgl. Brönner, Herbert, a.a.O., S. 1499
[84] Vgl. Richter in Meyn/Richter/Koss, Die Stiftung, Freiburg (Haufa) 2009, S. 482

gibt es Ausnahmen: die Veräußerung von wesentlichen Beteiligungen (§ 17 EStG) sowie private Veräußerungsgeschäfte (§ 23 EStG).[85]

Werden einzelne Wirtschaftsgüter aus dem Betriebsvermögen der Stiftung veräußert, so müssen die Verkaufspreise für die Besteuerung angesetzt werden (§ 16 Abs. 3 S. 4 EStG), bei einer unentgeltlichen Übertragung der gemeine Wert (§ 6 Abs. 4 EStG). Der Körperschaftsteuer unterliegen außerdem die Veräußerung oder Aufgabe eines Betriebes, Teilbetriebs oder Mitunternehmeranteils sowie eine 100%ige Beteiligung an einer Kapitalgesellschaft (§ 16 Abs. 1-3 i. V. m. § 8 Abs. 1 KStG). Dabei ist vom gemeinen Wert des Vermögens für die Ermittlung des Gewinns auszugehen (§ 16 Abs. 3 EStG). Werden dagegen Wirtschaftsgüter in ein anderes Betriebsvermögen unentgeltlich übertragen, wird kein Gewinn realisiert und die Buchwerte werden fortgeführt (§ 6 Abs. 3 EStG). Außerdem werden Übertragungen von Anteilen an Kapitalgesellschaften, die weniger als 100 % betragen, wie einzelne Wirtschaftsgüter behandelt (§ 16 Abs. 3 S. 4 EStG). Haben die Beteiligungen 100 %, werden sie dagegen als Teilbetrieb (§ 16 Abs. 1-3 EStG) angesehen.

Im Rahmen der Liquidation einer Stiftung lässt sich die Einkommensteuerbelastung zusammengefasst wie folgt darstellen:

Übertragung aus dem	Leistung	
	Entgeltlich	Unentgeltlich
Privatvermögen	§§ 17, 23 EStG	einkommensteuerfrei
Betriebsvermögen		
- einzelnes Wirtschaftsgut	§ 16 Abs. 3 S. 4 EStG	§ 6 Abs. 4 EStG
- Betrieb, Teilbetrieb, Mitunternehmeranteil	§ 16 Abs. 1-3 EStG	§ 6 Abs. 3 EStG
Beteiligung		
- Anteil < 100 %	§ 16 Abs. 3 S. 4 EStG	§ 6 Abs. 1 Nr. 4 EStG; vGA
- Anteil = 100 %	§ 16 Abs. 1-3 EStG	§ 6 Abs. 3 EStG

Abb. 9: Besteuerung bei Beendigung der Stiftung

---

[85] Vgl. Brönner, Herbert, a.a.O., S. 1498

5.4 Besteuerung des Stifters

Jede natürliche oder juristische Person kann Stifter sein. Bei der Besteuerung durch Ertragsteuern muss unterschieden werden, ob die Stiftung aus Privat- oder Betriebsvermögen ausgestattet wird. Bei jedem Wechsel des wirtschaftlichen Eigentums an einem Wirtschaftsgut werden beim Übertragenden stille Reserven realisiert. Für eine ertragssteuerliche Behandlung hängt es davon ab, ob die Übertragung entgeltlich oder unentgeltlich geschieht. Im Rahmen der Errichtung wird Vermögen im Allgemeinen unentgeltlich, d. h. ohne Gegenleistung übertragen. Die Stiftung wird dabei bereichert, so dass der Vorgang unter die Erbschaft- und Schenkungsteuer und nicht unter die Ertragsteuern fällt.[86]

5.4.1 Übertragungen aus dem Privatvermögen

Bei Übertragungen aus dem Privatvermögen des Stifters werden unabhängig von einer Gegenleistung keine ertragsteuerlichen Folgen beim Stifter ausgelöst, da sie privat vorgenommen werden. Davon ausgenommen sind die entgeltliche Übertragung von i. S. d. EStG wesentlichen Anteilen an einer Kapitalgesellschaft (§ 17 EStG) und private Veräußerungsgeschäfte (§ 23 EStG). In diesen Fällen sind bei entgeltlichen Übertragungen die stillen Reserven aufzudecken und zu versteuern.[87]

5.4.2 Übertragungen aus dem Betriebsvermögen

Wenn eine Stiftung Mittel aus einem Betriebsvermögen erhält, entstehen ebenfalls keine Ertragsteuern. Voraussetzung dafür ist, dass der Stifter einen Betrieb, einen Teilbetrieb oder einen Mitunternehmeranteil unentgeltlich auf die Stiftung überträgt und die Buchwerte nach § 6 Abs. 3 EStG fortgeführt werden.[88]

Wenn alle wesentlichen Betriebsgrundlagen des Betriebs/Teilbetriebs auf die Stiftung übergehen, spricht man von einer unentgeltlichen Übertragung eines

---

[86] Vgl. Richter, Andreas, Länderbericht Deutschland, in: Richter/Wachter, Handbuch des internationalen Stiftungsrechts, Rdn. 193
[87] Vgl. Berndt, Hans, Götz, Hellmut, a.a.O., S. 191
[88] Vgl. Berndt, Hans, Götz, Hellmut, a.a.O., S. 192

Betriebs oder Teilbetriebs. Als wesentliche Betriebsgrundlagen werden in erster Linie Wirtschaftsgüter des Anlagevermögens, Betriebsgrundstücke, Maschinen oder auch immaterielle Wirtschaftsgüter wie Patente, Warenzeichen etc. bezeichnet.[89]

Zu einer Gewinnverwirklichung nach § 6 Abs. 1 Nr. 4 EStG in Höhe des Unterschiedsbetrages von Teilwert und Buchwert kommt es, wenn einzelne Gegenstände des Betriebsvermögens auf die Stiftung übertragen werden.[90] Werden wesentliche Betriebsgrundlagen in das Privatvermögen überführt und nicht auf die Stiftung übertragen, so liegt eine Betriebsaufgabe nach § 16 Abs. 3 EStG vor. Dabei wird ein steuerpflichtiger Veräußerungsgewinn in Höhe des Unterschiedsbetrags zwischen den Buchwerten und den Teilwerten erzielt. Dies gilt sowohl für die in eine Stiftung eingebrachten Wirtschaftsgüter als auch solche, die ins Privatvermögen übernommen werden.[91] Werden einzelne Wirtschaftsgüter bei einer unentgeltlichen Übertragung des Betriebs ausgeschlossen, entsteht ein als laufender Gewinn zu versteuernder Entnahmegewinn bei den zurückbehaltenen Wirtschaftsgütern.[92]

Zusammenfassend lässt sich die Besteuerung des Stifters bei Übertragungen aus dem Privat- oder Betriebsvermögen wie folgt darstellen:

---

[89] Vgl. Brandmüller, Gerhard, Lindner, Reinhold, a.a.O., S. 53-56
[90] Vgl. Berndt, Hans, Götz, Hellmut, a.a.O., S. 192
[91] Vgl. Berndt, Hans, Götz, Hellmut, a.a.O., S. 193
[92] Vgl. Brandmüller, Gerhard, Lindner, Reinhold, a.a.O., S. 53-56

Übertragung aus dem	Leistung	
	Entgeltlich	Unentgeltlich
Privatvermögen	§§ 17, 23 EStG	einkommensteuerfrei
Betriebsvermögen		
- einzelnes Wirtschaftsgut	§ 6 Abs. 1 Nr. 4 EStG; vGA	§ 6 Abs. 1 Nr. 4 EStG; vGA
- Betrieb, Teilbetrieb, Mitunternehmeranteil	§ 16 Abs. 1 EStG; vGA	§ 6 Abs. 3 EStG
Beteiligung		
- Anteil < 100 %	§ 6 Abs. 1 Nr. 4 EStG; vGA	§ 6 Abs. 1 Nr. 4 EStG; vGA
- Anteil = 100 %	§ 16 Abs. 1 EStG; vGA	§ 6 Abs. 3 EStG

Abb. 10: Besteuerung des Stifters bei Stiftungserrichtung

5.5 Vergleich zwischen steuerbegünstigter Stiftung und nicht steuerbegünstigter Stiftung

	Steuerbegünstigte Stiftung	Familienstiftung
Errichtung	Steuerfrei (§ 13 Abs. 1 Nr. 16b ErbStG); Erlöschen der Erbschaft- und Schenkungsteuer bei Weitergabe von Vermögensgegenständen binnen zwei Jahren an bestimmte gemeinnützige Stiftungen (§ 29 Abs. 1 Nr. 4 ErbStG)	Steuerpflichtig (§§ 3 Abs. 2 Nr. 1, 7 Abs. 1 Nr. 8 ErbStG)
Zustiftungen	Steuerfrei (§ 13 Abs. 1 Nr. 16b ErbStG)	Steuerpflichtig nach Steuerklasse III (§§ 3 Abs. 2 Nr. 1, 7 Abs. 1 Nr. 8 ErbStG); § 15 Abs. 2 S. 1 ErbStG gilt nicht für Zustiftungen
Spendenabzug	Ja, nach Maßgabe des § 10b EStG	Nein (§ 12 Nr. 2 EStG)

Laufende Besteuerung (Ebene der Stiftung)	• Körperschaftsteuerfrei (§ 5 Abs. 1 Nr. 9 S. 1 KStG) • Ausnahme: wirtschaftlicher Geschäftsbetrieb (§ 5 Abs. 1 Nr. 9 S. 2 KStG)	• Körperschaftsteuer 15 % (§§ 1 Abs. 1 Nr. 5, 23 Abs. 1 KStG) • Schenkungsteuer satzungsmäßige Zuwendungen sind nicht abzugsfähig (§ 10 Abs. 7 ErbStG)
Laufende Besteuerung (Ebene der Destinatäre)	• Einkommensteuer in voller Höhe steuerpflichtig (§ 22 Nr. 1 S. 2 HS 2 EStG) • Schenkungsteuer steuerfrei	• Einkommensteuer steuerfrei (§ 22 Nr. 1 S. 2 EStG) bzw. künftig zu 60 % steuerpflichtig (§§ 20 Abs. 1 Nr. 9, 3 Nr. 40 d EStG) • Schenkungsteuer satzungsmäßige Zuwendungen sind steuerfrei
Erbschaftsteuer (Erbersatzsteuer)		Alle 30 Jahre (§ 1 Abs. 1 Nr. 4 ErbStG)
Beteiligung an Kapitalgesellschaft	• Ausschüttung steuerfrei • Ausschüttungsbelastung bei Kapitalgesellschaft definitiv	• Ausschüttung steuerpflichtig bzw. künftig steuerfrei (§ 8b Abs. 1 KStG) • Anrechnung des KSt-Guthabens
Auflösung der Stiftung	• soweit das Stiftungsvermögen während des Bestehens der Stiftung gebildet worden ist, bleibt es für gemeinnützige Zwecke gebunden • soweit das Vermögen vom Stifter eingebracht worden ist, kann es – steuerpflichtig – an ihn oder Angehörige zurückübertragen werden	Steuerpflichtig (§ 7 Abs. 1 Nr. 9 ErbStG) • soweit Rückübertragung des Vermögens an den Stifter, Besteuerung nach Steuerklasse III • soweit Rückübertragung an andere Personen, Besteuerung nach der Steuerklasse, die sich nach dem Verwandtschaftsverhältnis zwischen dem Stifter und dem unmittelbaren Erwerber ergäbe (§ 15 Abs. 2 S. 2 ErbStG)

Abb. 11: Vergleich der Besteuerung einer gemeinnützigen mit einer nicht gemeinnützigen Stiftung

6 Rechnungslegung von Stiftungen

6.1 Gesetzliche Grundlagen zur Rechnungslegung

Die konkreten Anforderungen an die Rechnungslegung jeder einzelnen Stiftung ergeben sich aus stiftungsrechtlichen und ggf. außerstiftungsrechtlichen Rechtsnormen.

Stiftungsrechtliche Rechtsquellen sind sowohl im BGB als auch in den Landessstiftungsgesetzen enthalten. Weitere Anforderungen an die Rechnungslegung können in der Stiftungssatzung festgeschrieben werden.

Außerstiftungsrechtliche Rechtsquellen sind im Handelsrecht und Steuerrecht enthalten. Weiterhin sind branchenabhängige bzw. geschäftszweigspezifische Rechnungslegungsvorschriften geeignet.

6.1.1 Bürgerliches Recht

Die Vorschriften zur Rechnungslegung nach bürgerlichem Recht ergeben sich aus § 86 i. V. m. §§ 27 Abs. 3, 666, 259, 260 BGB. Demnach gelten bestimmte Vorschriften des Vereinsrechts auch für Stiftungen.

Nach diesen Vorschriften hat eine Stiftung eine geordnete Zusammenstellung der Einnahmen und Ausgaben[93], Belege sowie ein Verzeichnis über den Bestand an Vermögensgegenständen[94] vorzulegen und die Vermeidung einer Überschuldung muss sichergestellt sein.

Dies sind allerdings nur Mindestanforderungen, den Anforderungen einer externen Rechnungslegung genügen sie nicht. Der Gesetzgeber hat den Ländern weitergehende Regelungen überlassen.

---

[93] Vgl. § 259 Abs. 1 BGB
[94] Vgl. § 260 Abs. 1 BGB

6.1.2 Landesrecht

Rechnungslegungsvorschriften sind in den meisten Landesstiftungsgesetzen enthalten. Dabei wird von allen Bundesländern nach Ablauf des Geschäftsjahres eine Jahres(ab)rechnung mit Vermögensübersicht verlangt. Landesgesetzliche Regelungen sind in fast allen Bundesländern enthalten und Baden-Württemberg, Bayern, Hamburg, Mecklenburg-Vorpommern, Saarland, Sachsen und Schleswig-Holstein verpflichten die Stiftungen zur laufenden und ordnungsmäßigen Buchführung und einzelne Bundesländer verlangen außerdem einen Bericht zur Erfüllung des Stiftungszweckes.[95]

Anders als für den handelsrechtlichen Jahresabschluss findet sich für den Begriff der Jahresrechnung oder Jahresabrechnung keine gesetzliche Definition. Da sich die Jahres(ab)rechnung sowohl auf die Einnahmen-/Ausgaben-Rechnung zusammen mit einer Vermögensübersicht als auch auf einen nach kaufmännischen Grundsätzen erstellten Jahresabschluss beziehen kann, kann der Jahresabschluss als Oberbegriff verstanden werden. Stiftungen sind daher bei der Wahl der Rechnungslegung weitestend frei.[96]

In der folgenden Übersicht sind die einschlägigen landesgesetzlichen Regelungen zur Buchführung und Rechnungslegung zusammengestellt:

Bundesland (StiftG)	Buchführung	Rechnungslegung
Baden-Württemberg (StiftG BW)	§ 7 Abs. 3	§ 9 Abs. 2 Nr. 3
Bayern (BayStiftG)	Art. 16 Abs. 1 S. 1	Art. 16 Abs. 1 S. 4
Berlin (StiftG Bln)	-	§ 8 Abs. 1 Nr. 2
Brandenburg (StiftG Bbg)	-	§ 6 Abs. 2 S. 1
Bremen (BremStiftG)	-	§ 12 Abs. 2 Nr. 2
Hamburg (HmbAGBGB)	§ 4 Abs. 4 Hs. 2	§ 4 Abs. 4 Hs. 1
Hessen (HStiftG)	§ 7 Nr. 2	§ 7 Nr. 2

---

[95] Vgl. Brandmüller, Gerhard, Lindner, Reinhold, a.a.O., S. 146
[96] Vgl. Wigand Klaus et al., a.a.O., S. 136

Mecklenburg-Vorpommern (StiftG MV)	§ 4 Abs. 2 Nr. 2	§ 4 Abs. 2 Nr. 2
Niedersachsen (NdsStiftG)	-	§ 11 Abs. 3
Nordrhein-Westfalen (StiftG NW)	-	§ 7 Abs. 1 S. 1
Rheinland-Pfalz (StiftG RhPf)	-	§ 7 Abs. 4
Saarland (SaarStiftG)	§ 5 Abs. 1 S. 3	§ 5 Abs. 1 S. 3 § 11 Abs. 2 S. 1 Nr. 2
Sachsen (StiftG DDR)	§ 4 Abs. 2	§ 6 Abs. 2 S. 1
Sachsen-Anhalt (StiftG DDR)	-	-
Schleswig-Holstein (StiftG SH)	§ 4 Abs. 7	§ 10 Abs. 1 Nr. 1
Thüringen (StiftG DDR)	-	-

Abb. 12: Übersicht zur Rechnungslegung in den Landesstiftungsgesetzen

Darüber hinaus gibt es keine Vorschriften, die die Publizität der Rechnungslegung verlangen.[97] Neben der Stiftungsaufsicht hat niemand einen gesetzlichen Anspruch, den Abschluss der Stiftung einzusehen.[98]

6.1.3 Handelsrecht

6.1.3.1 Handelsgesetzbuch

Handelsrechtlich müssen Stiftungen die Rechnungslegungsvorschriften für Kaufleute (§§ 238 ff. HGB) beachten, falls ein Gewerbebetrieb unterhalten wird und dessen Gegenstand, Art und Umfang die Eintragung ins Handelsregister erfordert.

Grundsätzlich sind die für Kapitalgesellschaften geltenden Vorschriften des HGB (§§ 264 bis 335 HGB) nicht vorgeschrieben. Gemeint sind insbesondere die Gliede-

---

[97] Vgl. *Orth* in Seifart/v. Campenhausen § 38 Rdn. 24
[98] Vgl. Landesstiftungsgesetze

rungsvorschriften des § 266 HGB. Ein Anhang (§§ 284 ff. HGB) und Lagebericht (§§ 289 ff. HGB) sind nicht aufzustellen.[99]

Allerdings kann es möglich sein, dass die Vorschriften über das Publizitätsgesetz (siehe Punkt 6.1.3.2) angewendet werden können. Ferner können für Stiftungen die für Kapitalgesellschaften geltenden Vorschriften nach § 264a HGB wichtig sein. Danach unterliegt die OHG bzw. KG und nicht die jeweilige Stiftung den für Kapitalgesellschaften geltenden Vorschriften.[100]

6.1.3.2 Publizitätsgesetz

Falls die Stiftung mit ihrem Unternehmen dem Publizitätsgesetz (PublG) unterliegt, finden außerdem die ergänzenden Rechnungslegungsvorschriften für Kapitalgesellschaften (§§ 264-335 HGB) sinngemäß Anwendung. Voraussetzungen für die Pflicht zur Rechnungslegung ist dabei, dass die Stiftung nach § 3 Abs. 1 Nr. 4 PublG ein Gewerbe betreibt. Darunter fallen auch Kaufleute nach § 1 HGB und § 2 HGB. Außerdem müssen nach § 1 Abs. 1 PublG mindestens zwei der folgenden drei Merkmale für jeweils drei aufeinanderfolgende Abschlussstichtage auf eine gewerbetreibende Stiftung zutreffen:

- die Bilanzsumme übersteigt 65 Mio. Euro,

- die Umsatzerläse übersteigen in den letzten 12 Monaten vor dem Abschlussstichtag 130 Mio. Euro,

- es sind durchschnittlich mehr als 5.000 Arbeitnehmer in den letzten 12 Monaten vor dem Abschlussstichtag beschäftigt.

---

[99] Vgl. Münch. Hdb. GesR Bd. V / Kußmaul/Meyering § 97 Rdn. 18
[100] Vgl. Münch. Hdb. GesR Bd. V / Kußmaul/Meyering § 97 Rdn. 19

6.1.3.3 Branchenspezifische Vorschriften

Für bestimmte Geschäftszweige bestehen spezielle Buchführungs- und Aufzeichnungspflichten, die auch auf Stiftungen anwendbar sein können. Darunter fällt die Verordnung über die Rechnungs- und Buchführungspflichten für Pflegeeinrichtungen. Dabei müssen diese eine doppelte Buchführung und einen Jahresabschluss, bestehend aus einer Bilanz, Gewinn- und Verlustrechnung sowie Anhang, aufstellen, der sich weitgehend nach den geltenden Vorschriften für Kapitalgesellschaften richtet.[101]

Die folgende Abbildung stellt zusammenfassend die drei Rechnungslegungskreise des Handelsrechts dar, aus denen sich die Normen bezüglich der Rechnungslegung von Stiftungen ergeben können:

Handelsgesetzbuch (möglicherweise §§ 238 bis 263 HGB)	Publizitätsgesetz (möglicherweise §§ 1 bis 10 PublG)	Branchenspezifische Normen

Abb. 13: Handelsrechtliche Rechnungslegungsnormen

6.1.4 Steuerrecht

Bei der steuerlichen Behandlung muss zwischen privat- und gemeinnützigen Stiftungen unterschieden werden. Bei beiden Typen muss im Rahmen der steuerlichen Buchführungspflicht die derivative und originäre Buchführungspflicht beachtet werden.[102]

Falls die Stiftung nach anderen als den Steuergesetzen verpflichtet ist, Bücher und Aufzeichnungen zu führen, und diese für die Besteuerung relevant sind, ist diese auch für das Steuerrecht verpflichtend (sog. derivative Buchführungspflicht nach § 140 AO). Wichtig sind dabei auch besondere steuerliche Anforderungen an die Buchführung (§§ 145 bis 148 AO).[103]

---

[101] Vgl. Münch. Hdb. GesR Bd. V / Kußmaul/Meyering § 97 Rdn. 21
[102] Vgl. Münch. Hdb. GesR Bd. V / Kußmaul/Meyering § 97 Rdn. 23
[103] Vgl. Münch. Hdb. GesR Bd. V / Kußmaul/Meyering § 97 Rdn. 24

Neben der derivativen Buchführungspflicht (§ 140 AO), wird die sog. originäre steuerliche Buchführungspflicht (§ 141 AO) angewendet, wenn die Stiftung eine gewerbliche oder land- und forstwirtschaftliche Betätigung ausübt und die Schwellenwerte des § 141 Abs. 1 AO überschritten werden. Dabei werden neben den eigenständigen steuerlichen Anforderungen an die Buchführung (§§ 145 bis 148 AO), gem. § 141 Abs. 1 AO auch die §§ 238, 240 bis 242 Abs. 1 und die §§ 243 bis 256 HGB sinngemäß angewendet.[104]

Weitere Voraussetzungen, die sich nach §§ 51 bis 68 AO ergeben, finden bei gemeinnützigen Stiftungen Beachtung. Wenn mittels Gesetz eine Steuervergünstigung gewährt wird, weil ausschließlich und unmittelbar gemeinnützige, mildtätige oder kirchliche Zwecke verfolgt werden (§ 51 S. 1 AO), werden diese angewandt.[105]

Die drei Rechnungslegungsvorschriften des Steuerrechts, nach denen sich die Normen der Rechnungslegung von Stiftungen ergeben, sind in folgender Abbildung dargestellt.

Derivative steuerliche Buchführungspflicht (§ 140 AO)	Originäre steuerliche Buchführungspflicht (§ 141 AO)	Besonderes Gemeinnützigkeitsrecht (§ 63 Abs. 3 AO)

Abb. 14: Steuerrechtliche Rechnungslegungsnormen

6.1.5 IDW-Grundsätze zur Rechnungslegung

Das Institut der Wirtschaftsprüfer (IDW) hat eine umfassende Stellungnahme zur Rechnungslegung von Stiftungen (IDW RS HFA 5 vom 25.02.2000) veröffentlicht. Dabei wurden für rechtlich selbständige Stiftungen des bürgerlichen Rechts Grundsätze einer ordnungsgemäßen Rechnungslegung entwickelt, die einerseits für steuerbegünstigte, andererseits auch für nicht steuerbegünstigte Stiftungen gelten.[106]

---

[104] Vgl. Münch. Hdb. GesR Bd. V / Kußmaul/Meyering § 97 Rdn. 25
[105] Vgl. Münch. Hdb. GesR Bd. V / Kußmaul/Meyering § 97 Rdn. 26
[106] Vgl. Otto, Lieselotte, a.a.O., S. 305

Die Rechnungslegung muss danach folgende Anforderungen[107] erfüllen:

- Richtigkeit und Willkürfreiheit

- Klarheit und Übersichtlichkeit

- Vollständigkeit und Saldierungsverbot

- Einzelbewertung der Vermögens- und Schuldposten

- Vorsichtige Bewertung von Vermögen und Schulden

- Bewertungs- und Gliederungsstetigkeit

- Fortführung der Tätigkeit (going-concern)

Grundsätzlich gelten diese Grundsätze nur für Kaufleute. Sie sind auch für andere Formen der Rechnungslegung (z. B. Einnahmen-/Ausgaben-Rechnung mit Vermögensrechnung) maßgeblich.[108]

6.2 Aufgaben, Ziele und Zweck der Rechnungslegung

Die wesentlichen Ziele und Zwecke der Rechnungslegung sind die Dokumentation und Information, die Rechenschaftslegung sowie die Kapitalerhaltung.

Für die Dokumentation und Information kommen dabei interne und externe Adressaten (z. B. Vorstand, Stiftungsaufsicht, Finanzamt, Öffentlichkeit) in Betracht.[109] Darüber hinaus muss die Stiftung unter Beachtung der Verpflichtung zur Vermögenserhaltung die Erträge ausweisen, die für den Stiftungszweck verwendet

---

[107] Vgl. IDW HS HFA 5, WPg 2000, 391 Tz. 33
[108] Vgl. IDW RS HFA 5, WPg 2000, 394 Tz. 32
[109] Vgl. Schick/Schmidt/Ries/Walbröl, a.a.O., S. 162

werden. Da die Rechnungslegung der Stiftungen eine Zahlungsbemessungsfunktion in dem Sinn hat, dass sie zwar keine Gewinnausschüttungen, aber die Leistungen der Stiftungen begrenzen muss, ist sie dadurch gezwungen den Erhalt des Stiftungsvermögens zu gewährleisten.[110]

Außerdem regelt die Satzung neben der Bestimmung, wie die Erträge aus dem Stiftungsvermögen zu verwenden sind, auch die Art der Erhaltung des Stiftungsvermögens. Eine Stiftung ist verpflichtet das Stiftungsvermögen (d.h. alle Vermögenswerte) zu erhalten und aus dessen Nutzung bzw. Erträgen den Stiftungsweck zu verwirklichen. Somit soll die dauerhafte Existenz und Tätigkeit sichergestellt sein. Das Stiftungsvermögen darf weder für Stiftungszwecke noch für anderweitige Zwecke verwendet werden.[111]

Im Wesentlichen bestehen zwei Methoden für die Rechenschaftslegung, die Einnahmen-/Ausgabenrechnung oder der Jahresabschluss.

Rechnungslegung	Rechnungslegungsinstrumente	Buchführung
Einnahmen-/Ausgaben-Rechnung	- Einnahmen-/Ausgaben-Rechnung - Vermögensübersicht	Einfache Buchführung
Jahresabschluss	- Bilanz - Gewinn- und Verlustrechnung - Anhang/Anlagenspiegel - Lagebericht	Doppelte Buchführung
„Haushalt" (vorausschauend)	- Haushaltsplan - Vermögenshaushalt	Kameralistische Buchführung

Abb. 15: Formen der Rechnungslegung

6.3 Buchführung

Zwischen der Buchführung und der periodischen Rechnungslegung besteht ein Zusammenhang. Es können theoretisch drei Buchführungssysteme in Betracht kommen:

---

[110] Vgl. Schick/Schmidt/Ries/Walbröl, a.a.O., S. 173
[111] Vgl. Schick/Schmidt/Ries/Walbröl, a.a.O., S. 173

- Die einfache Buchführung

- Die doppelte Buchführung

- Die kameralistische Buchführung

Während die Landessstiftungsgesetze nur vereinzelt eine Regelung treffen, enthält das Bundesrecht keine Aussage zur Buchführungspflicht. Ist eine Buchführung gesetzlich vorgeschrieben, geben die Landesgesetze den Stiftungen keine bestimmte Buchführungsmethode vor. Nur im Bayerischen Stiftungsgesetz ist ausdrücklich ein Hinweis gegeben, dass die Stiftung selbst darüber entscheiden kann.[112]

Unter der einfachen Buchführung versteht man grundsätzlich eine einfache Geldverkehrsrechnung. Dabei werden zahlungswirksame Geschäftsvorfälle erfasst.[113]

Beim System der doppelten Buchführung werden alle Vorgänge (Geschäftsvorfälle), die das Stiftungsvermögen berühren, in zeitlicher und sachlicher Ordnung erfasst. Dabei wird auf Konto und Gegenkonto mit Soll- und Habenaufzeichnung desselben Betrages gebucht und unterliegt auch einer ausgeprägten funktionierenden Kontrolle. Weiterhin werden Zahlungs- und Leistungsvorgänge auf Bestands- und Erfolgskonten mit getrenntem, aus den Büchern zu entwickelndem Abschluss dargestellt. Außerdem findet eine zweifache bzw. doppelte Erfolgsermittlung aus Sicht des Vermögens als auch der (Eigen-) Rechnung statt. Dabei erfolgt eine laufende Kontrolle hinsichtlich der Bestandsänderungen und der Erfolgsquellen.[114]

Öffentliche Haushalte wenden die Methode der kameralistischen Buchführung und des Haushalts an. Grundsätzlich ist das Prinzip das gleiche wie bei einer Einnahmen-/Ausgaben-Rechnung. Die Veränderungen des Zahlungsmittelbestandes werden erfasst und es erfolgt eine Gegenüberstellung der tatsächlichen und der vorher geplanten Zu- und Abflüsse, d.h. ein Soll-Ist-Vergleich.[115]

---

[112] Vgl. Otto, Lieselotte, a.a.O., S. 301
[113] Vgl. Koss in Meyn/Richter/Koss, Die Stiftung, Freiburg (Haufe) 2009, S. 520
[114] Vgl. Koss in Meyn/Richter/Koss, Die Stiftung, Freiburg (Haufe) 2009, S. 521
[115] Vgl. Koss in Meyn/Richter/Koss, Die Stiftung, Freiburg (Haufe) 2009, S. 521

6.4 Kaufmännischer Jahresabschluss als Form der Rechnungslegung

Nach § 242 Abs. 3 HGB besteht der handelsrechtliche Jahresabschluss aus der Bilanz und der Gewinn- und Verlustrechnung. Bei Kapitalgesellschaften wird dieser noch um einen Anhang (§ 264 Abs. 1 S. 1 HGB) erweitert und die Aufstellung eines Lageberichts ist vorgesehen. In der Bilanz müssen somit alle Vermögenswerte, die sog. Aktiva, sowie alle zur Finanzierung dieser Vermögenswerte ausgewiesen werden. In der Gewinn- und Verlustrechnung werden alle Erträge und Aufwendungen des Geschäftsjahres dargestellt. Außerdem wird das Jahresergebnis ausgewiesen.

6.4.1 Bilanz

Der Jahresabschluss soll einen so vollständigen, klaren und zutreffenden Einblick in die Tätigkeit der Stiftung geben, dass sich Adressaten ein Bild über die Verwendung des eingesetzten Vermögens und der damit erzielten Erträge machen können. Vom Institut der Wirtschaftsprüfer wird daher empfohlen, ein Gliederungsschema für größenmäßig vergleichbare Kapitalgesellschaften anzuwenden, damit eine hinreichende Aufgliederung gewährleistet ist. Durch Weglassen (§ 265 Abs. 8 HGB), Hinzufügen (§ 265 Abs. 5) oder Änderungen (§ 265 Abs. 6 HGB) von Gliederungspositionen wird den Strukturmerkmalen einer Stiftung Rechnung getragen.[116]

Vorausgesetzt, eine Stiftung will oder muss nicht nach den Grundsätzen für Kapitalgesellschaften Rechnung legen, ist trotzdem eine ordnungsmäßige Rechnungslegung erforderlich. Dabei sollen zumindest in der Bilanz das Anlage- und Umlaufvermögen, das Eigenkapital, die Schulden sowie die Rechnungsabgrenzungsposten gesondert ausgewiesen und hinreichend aufgegliedert werden.[117]

---

[116] Vgl. IDW RS HFA 5, WPg 2000, 395 Tz. 44
[117] Vgl. IDW RS HFA 5, WPg 2000, 395 Tz. 45

Ebenso müssen Stiftungen, die nach den kaufmännischen Grundsätzen Rechnung legen, die folgenden allgemeinen Bewertungsgrundsätze berücksichtigen:[118]

- Grundsatz der Bilanzidentität (§ 252 Abs. 1 Nr. 1 HGB)

- Grundsatz der Unternehmensfortführung (§ 252 Abs. 1 Nr. 2 HGB)

- Grundsatz der Bewertung zum Abschlussstichtag (§ 252 Abs. 1 Nr. 3 HGB)

- Grundsatz der Einzelbewertung (§ 252 Abs. 1 Nr. 3 HGB)

- Grundsatz der Vorsicht einschließlich Imparitäts- und Realisationsprinzip (§ 252 Abs. 1 Nr. 4 HGB)

- Grundsatz der Periodenabgrenzung (§ 252 Abs. 1 Nr. 5 HGB)

- Grundsatz der Bewertungsstetigkeit (§ 252 Abs. 1 Nr. 6 HGB)

Wenn nach diesen Grundsätzen bilanziert wird, können im Anlagevermögen planmäßige Abschreibungen vorgenommen werden.

6.4.2 Gewinn- und Verlustrechnung

Die Gliederung der Gewinn- und Verlustrechnung soll unter Berücksichtigung stiftungsbezogener Besonderheiten grundsätzlich nach dem Gesamtkostenverfahren nach § 275 Abs. 2 HGB erfolgen.[119] Dabei sind empfangene Spenden und Zuschüsse sowie die stiftungsbezogene Mittelverwendung ggf. zu berücksichtigen.[120] Das Betriebsergebnis wird dadurch ermittelt, dass dabei alle Leistungen (Umsatzerlöse, Bestandsmehrungen und Eigenleistungen) und die insgesamt angefallen Kosten einer Abrechnungsperiode (= Geschäftsjahr) gegenübergestellt werden. Die Gliederung der Kosten erfolgt nach den Aufwandsarten Material, Personal, Abschreibungen und sonstige Kosten. Nach dem Umsatzkostenverfahren darf nur

---

[118] Vgl. IDW RS HFA 5, WPg 2000, 395 Tz. 46
[119] Vgl. IDW RS HFA 5, WPg 2000, 395 Tz. 43
[120] Vgl. Wallenhorst Rolf, Halaczinsky Raymond, Die Besteuerung gemeinnütziger Vereine, Stiftungen und der juristischen Personen des öffentlichen Rechts, München (Vahlen) 2009, S. 54 Rdn. 62

dann gegliedert werden, wenn neben der Vermögensverwaltung auch noch unternehmerische Funktionen wahrgenommen werden. Bei diesem Verfahren wird nur von den Umsatzerlösen einer Periode ausgegangen, bei denen die Kosten ihrer Entstehung gegenübergestellt werden.[121]

6.5 Einnahmen-/Ausgabenrechnung mit Vermögensrechnung

Die Rechnungslegung von Stiftungen kann durch eine Einnahmen-/Ausgaben- und Vermögensrechnung erfolgen, wenn keine kaufmännische Rechnungslegung nach den vorhergenannten Grundsätzen erforderlich ist. Dabei sind diese Grundsätze mit denen eines Vereins identisch, wenn kein Jahresabschluss mittels doppelter Buchführung erstellt wird. Bei unselbstständigen Stiftungen wird noch öfter diese Form des Jahresabschlusses angewandt.[122]

6.5.1 Vermögensrechnung

Grundsätzlich sollte sich der Ansatz von Vermögensgegenständen und Schulden in der Vermögensrechnung an den entsprechenden Vorschriften der handelsrechtlichen Rechnungslegung orientieren. Alle Aktiva und Passiva sollen daher vollständig enthalten sein.[123] Wird von den Landesstiftungsgesetzen keine besondere Form der Vermögensrechnung vorgeschrieben, empfiehlt das IDW folgende Gliederung der Vermögensrechnung:[124]

---

[121] Vgl. Otto, Lieselotte, a.a.O., S. 311
[122] Vgl. Wallenhorst Rolf, Halaczinsky Raymond, a.a.O., S. 57 Rdn. 76
[123] Vgl. Otto, Lieselotte, a.a.O., S. 327
[124] Vgl. IDW RS HFA 5, WPg 2000, 398 f. Tz. 82

Vermögensgegenstände

- Immaterielle Vermögensgegenstände

- Grundstücke und grundstücksgleiche Rechte, einschließlich Bauten

- Übrige Sachanlagen

- Finanzanlagen

- Vorräte

- Forderungen und sonstige Vermögensgegenstände

- Wertpapiere, soweit nicht unter Finanzanlagen auszuweisen

- Schecks, Kassenbestand, Bundesbankguthaben, Guthaben bei Kreditinstituten

Stiftungskapital und Schulden

- Stiftungskapital

- Kapitalerhaltungsrücklage

- Sonstige Rücklagen

- Mittelvortrag (Mittelüberschuss/-fehlbetrag)

- Verbindlichkeiten aus erteilten Zusagen

- Ungewisse Verbindlichkeiten

- Verbindlichkeiten gegenüber Kreditinstituten

- Übrige Verbindlichkeiten

Abb. 16: Empfehlung des IDW zur (Mindest-)Form einer Vermögensrechnung

Die Grundsätze der handelsrechtlichen Vorschriften gelten auch bei der Dotierung der Kapitalerhaltungsrücklage. Außerdem erfolgt die Bewertung der Vermögensgegenstände und Schulden ebenfalls nach den entsprechenden Vorschriften des Handelsrechts (§§ 252 ff. HGB).[125]

6.5.2 Einnahmen-/Ausgaben-Rechnung

In der Einnahmen-/Ausgaben-Rechnung werden alle Zu- und Abflüsse von Geldmitteln des Geschäftsjahres erfasst. Außerdem sollten zur Verbesserung des Informationsgehalts – ähnlich wie bei Kapitalgesellschaften – regelmäßig die Vorjahreszahlen aufgenommen werden, um die Rechnungslegung transparenter zu gestalten. Hinweise finden sich ebenfalls in der Verlautbarung RS HFA 5 des IDW sowie ein Grundschema der Einnahmen-/Ausgaben-Rechnung. Das Grundschema[126], getrennt nach laufendem Geschäft, Investitionstätigkeit und Finanzbereich sieht wie folgt aus:

	Einnahmen aus laufender Tätigkeit
-	Ausgaben aus laufender Tätigkeit
=	Einnahmen-/Ausgabenüberschuss aus laufender Tätigkeit (a)

	Einnahmen aus den Abgängen von Gegenständen des Anlagevermögens (mit Ausnahme der Finanzanlagen)
-	Ausgaben für Investitionen in das Anlagevermögen (mit Ausnahme der Finanzanlagen
=	Einnahmen-/Ausgabenüberschuss aus der Investitionstätigkeit (b)

+/-	Einnahmen-/Ausgabenüberschuss aus laufender Tätigkeit (a)
+/-	Einnahmen-/Ausgabenüberschuss aus der Investitionstätigkeit (b)
=	Finanzierungsfreisetzung/Finanzierungsbedarf (c)

---

[125] Vgl. Otto, Lieselotte, a.a.O., S. 328
[126] Vgl. IDW RS HFA 5, WPg 2000, 398 Tz. 77

+/-	Einnahmen aus dem Finanzbereich	
-	Ausgaben aus dem Finanzbereich	
=	Einnahmen-/Ausgabenüberschuss aus dem Finanzbereich (d)	

+/-	Finanzierungsfreisetzung/Finanzierungsbedarf (c)	
+/-	Einnahmen-/Ausgabenüberschuss aus dem Finanzbereich (d)	
=	Erhöhung/Verminderung des Bestandes an Geldmitteln im engeren Sinne (e)	
+	Bestand an Geldmitteln am Anfang der Periode (f)	
=	Bestand an Geldmitteln am Ende der Periode (g)	

Abb. 17: Empfehlung des IDW zur Form einer Einnahmen-/Ausgabenrechnung

Eine Trennung in laufendes Geschäft, Investitionstätigkeit und Finanzbereich ist nicht zwingend vorgeschrieben. Daher kann es zu Überschneidungen kommen. Als Beispiel wären Spenden und Zustiftungen zu nennen.

Einnahmen aus laufender Tätigkeit[127] können z. B. Spenden, Mitgliedsbeiträge, Schenkungen, öffentliche Zuschüsse sein. Die Ausgaben aus laufender Tätigkeit, soweit sie wesentlich sind, sollen mindestens in vier Bereiche unterteilt werden:[128] satzungsmäßige Leistungen, Personalausgaben, Sachausgaben und sonstige Ausgaben.

6.6 Anhang und Lagebericht

Die allgemeinen Vorschriften des Handelsrechts (§§ 284 ff. HGB) gelten bei der Aufstellung eines Anhangs. Stiftungen sollen daher im Anhang weitergehende Erläuterungen der Spenden und der Entwicklung der Verbindlichkeiten erwähnen. Bei der Aufstellung eines Lageberichts muss der Vorstand den Geschäftsverlauf

---

[127] Vgl. IDW RS HFA 14, WPg 2006, 697 Tz. 48
[128] Vgl. IDW RS HFA 5, WPg 2000, 398 Tz. 79

und die Lage der Stiftung darlegen und auf die gegenwärtigen und zukünftigen Schwerpunkte der Stiftung eingehen.[129]

6.7 Bericht über die Erfüllung des Stiftungszwecks

Ein Bericht über die Erfüllung des Stiftungszwecks ist durch einige Landesstiftungsgesetze vorgeschrieben. Die externen Adressaten können dadurch einen wesentlichen Überblick über die wirtschaftlichen und rechtlichen Verhältnisse bekommen und auch Auskunft über die Leistungsfähigkeit der Stiftung im Rahmen der Zweckerfüllung erhalten.[130]

6.8 Vor- und Nachteile der unterschiedlichen Rechnungslegungsarten

Vorteil einer Einnahmen-/Überschussrechnung ist, dass die Erstellung einfach und eher bei kleineren Stiftungen sehr beliebt ist. Negativ ist, dass jedoch nur die Veränderungen der Zahlungsmittelbestände erfasst werden und keine periodengerechte Erfassung von Aufwendungen und Erträgen erfolgt. Mehrere Jahre können somit nicht verglichen werden und aus einer Einnahmen-/Überschussrechnung ist nicht ersichtlich, ob eine vorzeitige Verwendung der Stiftungsmittel bzw. das Stiftungskapital angegriffen worden ist.

Die kaufmännisch doppelte Buchführung dagegen bietet eine hohe Sicherheit der Rechnungslegung. Durch die Aufzeichnung der Geschäftsvorfälle können diese auf die zugehörigen Positionen aufgeteilt und somit auch mehrere Jahre miteinander verglichen werden. Als Nachteil wird oft der hohe Aufwand erwähnt. Aber auch für kleine Stiftungen ist die kaufmännische Rechnungslegung kaum aufwendiger als eine Einnahmen-/Ausgaben-Rechnung. Der hohe Aufwand tritt erst bei komplexeren Sachverhalten ein. Weiterhin ist die kaufmännische Rechnungslegung weniger anfällig für Fehler und es kann somit die Aussagekraft des Jahresberichts erhöht werden.

---

[129] Vgl. IDW RS HFA 5, WPg 2000, 398 Tz. 71
[130] Vgl. Wallenhorst, Rolf, Halaczinsky, Raymond, a.a.O., S. 57 Rdn.75

Stiftungen sollen daher bzgl. Aussagekraft und Sicherheit grundsätzlich die kaufmännische Rechnungslegung wählen. Allerdings ist die Umstellung von der Einnahmen-/Ausgaben-Rechnung auf die kaufmännische Rechnungslegung mit erheblichem Aufwand verbunden, insbesondere bei der periodengerechten Abgrenzung von Aufwendungen und Erträge und der Bewertung der Vermögensgegenstände.[131]

---

[131] Vgl. Wigand Klaus et al., a.a.O., S. 140

7 Offenlegung und Prüfung von Stiftungen

7.1 Publizität

Da bei Stiftungen eine Kontrolle durch die Mitglieder fehlt, hat die Publizität eine besondere Bedeutung.[132] Für Stiftungen können auch die im Folgenden behandelten Publizitätsvorschriften gelten; allerdings sind sie nicht stiftungsspezifisch.[133]

7.1.1 Handelsregisterpublizität

Nach § 33 Abs. 1 HGB müssen Stiftungen, wenn sie die Voraussetzungen des § 1 Abs. 2 HGB erfüllen, von allen Mitgliedern des Vorstands zur Eintragung in das Handelsregister angemeldet werden. Bei der Anmeldung müssen die Stiftungssatzung und die Urkunden über die Bestellung des Vorstands beigefügt werden sowie die Vertretungsmacht der Vorstandsmitglieder (§ 33 Abs. 2 S. 1 HGB). Des Weiteren müssen die Firma und der Sitz der juristischen Person, der Gegenstand des Unternehmens, die Mitglieder des Vorstands und ihre Vertretungsmacht angegeben werden, sowie die Dauer der Stiftung (§ 33 Abs. 2 S. 2 und 3 HGB). Für Änderungen dieser Verhältnisse und einer Auflösung der Stiftung gilt dies entsprechend. Nach § 10 Abs. 1 S. 1 HGB werden die Eintragungen in das Handelsregister vom Registergericht veröffentlicht und diese dürfen von jedermann eingesehen werden (§ 9 Abs. 1 HGB).[134]

7.1.2 Offenlegung

Wenn Stiftungen unter das sog. Publizitätsgesetz (§§ 9, 15 PublG) fallen oder eine solche Verpflichtung durch die Satzung vorgesehen ist, sind sie unter sinngemäßer

---

[132] Vgl. *Orth* in Seifart/v. Campenhausen § 38 Rdn. 2
[133] Vgl. *Orth* in Seifart/v. Campenhausen § 38 Rdn. 3
[134] Vgl. Burgard, Ulrich, Gestaltungsfreiheit im Stiftungsrecht, Köln (Verlag Otto Schmidt) 2006, S. 567 f.

Anwendung der §§ 325-329 HGB zur Offenlegung ihrer Jahres(ab)-Rechnungen verpflichtet.[135]

Dabei sind die Rechnungslegungsunterlagen nach den landesgesetzlichen Bestimmungen vollständig oder in Teilen bei der Stiftungsbehörde einzureichen. Zusätzlich sind die unterschiedlichen landesgesetzlichen Fristen einzuhalten. Dabei kann die Stiftungsaufsicht anordnen, dass die Jahres(ab)-Rechnung der Stiftung durch einen Wirtschaftsprüfer oder andere befugte Personen geprüft werden soll. Auch soll die Erhaltung des Stiftungsvermögens sowie die satzungsgemäße Verwendung der Erträge geprüft werden. In diesem Fall wird auf eine eigene Prüfung durch die Stiftungsaufsichtsbehörde verzichtet und die Jahresrechnung wird unter Würdigung des Prüfungsberichts anerkannt. Die von einer Stiftung zu erbringenden Nachweise können in anderen Bundesländern durch die freiwillige Einreichung des Prüfungsberichts weitestgehend ersetzt werden.[136]

Bundesland	Vorlagefrist
Baden-Württemberg (§ 9 Abs. 2 Nr. 3)	Innerhalb 6 Monate
Bayern (§ 16 Abs. 1 S. 4)	Innerhalb 6 Monate
Berlin (§ 8 Abs. 1 Nr. 2)	Innerhalb 4 Monate
Brandenburg (§ 6 Abs. 2 S. 3)	Innerhalb 6 Monate
Bremen	*Keine Vorlagefrist*
Hamburg (§ 5 Abs. 2 HS. 2 und 3)	Innerhalb 6 Monate bzw. 9 Monate
Hessen (§ 7 Nr. 2)	Innerhalb 9 Monate
Mecklenburg-Vorpommern (§ 4 Abs. 2 Nr. 2)	Innerhalb 9 Monate
Niedersachsen (§ 11 Abs. 3)	Innerhalb 5 Monate
Nordrhein-Westfalen (§ 7 Abs. 1)	Innerhalb 9 Monate
Rheinland-Pfalz (§ 9 Abs. 2)	Innerhalb 9 Monate
Saarland (§ 11 Abs. 2 Nr. 2)	Innerhalb 6 Monate
Sachsen (§ 6 Abs. 2)	Innerhalb 6 Monate
Sachsen-Anhalt	*Keine Vorlagefrist*
Schleswig-Holstein (§ 10 Abs. 1)	Innerhalb 8 Monate
Thüringen	*Keine Vorlagefrist*

Abb. 18: Übersicht der Fristen zur Vorlage der Jahresrechnung

---

[135] Vgl. *Orth* in Seifart/v. Campenhausen § 37 Rdn. 330
[136] Vgl. Otto, Lieselotte, a.a.O., S. 330 f.

7.1.3 Beteiligungspublizität

Falls die Stiftung Gesellschafter einer Personen-, Handels- oder Kapitalgesellschaft ist, so ist sie nach folgenden Vorschriften zur Offenlegung verpflichtet:[137]

- §§ 106 Abs. 2 Nr. 1, 107, 143 Abs. 2, 162 i. V. m. § 10 HGB

- § 40 GmbHG

- § 20 AktG

- §§ 21 ff. WpHG

7.2 Prüfung der Stiftung

7.2.1 Prüfungspflicht

Die gesetzliche Prüfungspflicht ist durch die Landesstiftungsgesetze vorgeschrieben. Grundsätzlich unterliegt die Prüfungspflicht der Stiftungsaufsichtsbehörde. Allerdings kann durch die Behörde bestimmt werden, die Stiftung durch einen Wirtschaftsprüfer oder andere befugte Personen mit einem gleichwertigen Bestätigungsvermerk prüfen zu lassen. Nach den allgemeinen gesetzlichen Vorschriften, z. B. §§ 6 Abs. 1, 14 PublG in Verbindung mit den handelsrechtlichen Vorschriften der §§ 316 ff. HGB kann sich eine Prüfungspflicht für Stiftungen ergeben. Eine Prüfungspflicht der Stiftung kann auch in der Satzung festgeschrieben sein. Alle übrigen Stiftungen können sich ebenfalls durch Abschlussprüfer, z.B. Wirtschaftsprüfer, vereidigte Buchprüfer sowie die betreffenden Wirtschaftsprüfungsgesellschaften, freiwillig prüfen lassen. Nach den meisten Landesstiftungsgesetzen kann die Prüfung durch die Stiftungsaufsichtsbehörde durch einen externen Prüfer ersetzt werden. Die Stiftung muss den Prüfungsbericht auch bei einer externen Prüfung bei der Stiftungsaufsicht vorlegen.[138]

---

[137] Vgl. Burgard, Ulrich, a.a.O., S. 568.
[138] Vgl. Otto, Lieselotte, a.a.O., S. 340

Zur Prüfung von Stiftungen hat das IDW einen eigenen Prüfungsstandard entwickelt, der für seine Berufsangehörigen verbindlich ist.[139]

7.2.2 Umfang und Durchführung

Falls die Stiftung keiner Pflichtprüfung unterliegt, kann der Prüfungsauftrag nach ihren Erfordernissen ausgerichtet werden. Den Prüfungsgegenstand und den Prüfungsumfang kann sie selbst definieren. Zu einer Prüfung gehören als unverzicht-bare Bestandteile folgende Bereiche:

- Ordnungsmäßigkeit der Rechnungslegung und Buchführung,

- Jahresabschluss,

- Verwirklichung des Stiftungszwecks,

- Ordnungsmäßigkeit der Mittelverwendung

- Ordnungsmäßigkeit der Geschäftsführung,

- Einhaltung der Gemeinnützigkeitsvorschriften,

- Erhalt des Stiftungskapitals.

Ferner können Sonderprüfungen, z. B. Missbrauchsprüfung oder Veruntreuungsprüfung vergeben oder der Prüfungsauftrag dadurch erweitert werden. Der Prüfung unterliegen die Buchführung, der Jahresabschluss (Bilanz, Gewinn- und Verlustrechnung), der Anhang und ggf. der Lagebericht. Danach kann ein Bestätigungsmerk, ein sog. Testat, nach § 322 Abs. 1 HGB erteilt werden. Hinzu kommt bei gemeinnützigen Stiftungen die Prüfung über die Erfüllung des Stiftungszwecks, wenn es in den Landesgesetzen vorgegeben ist.[140]

Das Ergebnis der Prüfung wird durch den Prüfer in einem Prüfungsbericht festgehalten. Er enthält Angaben zum Prüfungsauftrag, grundsätzliche Feststellungen,

---

[139] IDW PS 740, WPg 2000, 385-391
[140] Vgl. Otto, Lieselotte, a.a.O., S. 341

Gegenstand, Art und Umfang der Prüfung, Feststellungen und Erläuterungen zur Rechnungslegung, Feststellungen aus Erweiterungen des Prüfungsauftrags und das Ergebnis der Prüfung.[141]

Die Beurteilung der Vermögens- und Ertragslage, Aussagen zur Einhaltung gesetzlicher Vorschriften, Angaben zu den rechtlichen und wirtschaftlichen Verhältnissen sowie Feststellungen und Erläuterungen zur Rechnungslegung gehören zu den grundsätzlichen Prüfungsfeststellungen. Angaben über die Beachtung steuerlicher Vorgaben enthält der Prüfungsbericht speziell bei gemeinnützigen Stiftungen. Wenn die Prüfung der Abschlussprüfer zu keinen Einwendungen geführt hat, bestätigen sie mit dem Prüfungsvermerk eine ordnungsgemäße Geschäftsführung. Der von den gesetzlichen Vertretern aufgestellte Jahresabschluss vermittelt aufgrund ihrer Kenntnisse und Beurteilung unter Beachtung der Grundsätze ordnungsmäßiger Buchführung somit ein den tatsächlichen Verhältnissen entsprechendes Bild der Vermögens-, Finanz- und Ertragslage.[142]

---

[141] Vgl. IDW PS 740, WPg 2000, 388 Tz. 28
[142] Vgl. Otto, Lieselotte, a.a.O., S. 341

8 Zweckänderung und Auflösung der Stiftung

8.1 Zweckänderung

Da der Stiftungszweck von besonderer Bedeutung ist, kann einer Zweckänderung ein besonderes Gewicht zukommen. Durch eine Änderung des Stiftungszwecks hat sich die Stiftung neu zu orientieren und auch deren Aktivitäten müssen in eine andere Richtung ausgerichtet werden. Falls die Stiftung gemeinnützig ist und die neue Ausrichtung nicht mehr als gemeinnützig anerkannt wird, kann die Existenz der Stiftung gefährdet sein.[143] Auch ist eine Stiftung während ihres Bestehens politischen, wirtschaftlichen und sozialen Änderungen unterworfen.[144]

8.1.1 Zweckänderung durch die Stiftungsverfassung

Vorerst kann eine Zweckänderung nur dann angestrebt werden, wenn der Stifterwille berücksichtigt werden kann. Erst dann kann an eine Aufhebung der Stiftung gedacht werden. Nach Landesrecht sind Satzungsänderungen zulässig. Allerdings sollte es in jeder Stiftungsverfassung die Möglichkeit geben, eine Zweckänderung vorzunehmen. Nach § 85 BGB hat der Stifter die grundsätzliche Berechtigung, in der Stiftungssatzung Verweise zur Änderung des Stiftungszwecks zu treffen. Es kann dadurch bestimmt werden, dass die Stiftung einen anderen Zweck fördern soll, wenn der festgelegte Zweck nicht erreicht werden kann. Auch kann der Vorstand durch den Stifter beauftragt werden, neue Zwecke zu bestimmen, wenn der alte Zweck nicht realisiert werden kann. Durch den Vorrang des Stifterwillens muss der Stifter die Merkmale für eine Zweckänderung vorgeben, da ansonsten der Vorstand seinen eigenen Willen durchsetzen könnte. Gegenüber Zweckänderungen, die durch Satzung ermächtigt sind, ist eine Ermächtigung durch Gesetz

---

[143] Vgl. *Hof* in Seifart/v. Campenhausen § 7 Rdn. 117
[144] Vgl. Brandmüller, Gerhard, Lindner, Reinhold, a.a.O., S. 107

nachrangig. Jede Zweckänderung muss durch die Stiftungsaufsichtsbehörde genehmigt werden.[145]

8.1.2 Zweckänderung durch Gesetz

Ist kein Hinweis zur Änderung des Stiftungszwecks in der Stiftungssatzung enthalten, muss eine Zweckänderung gesetzlich geprüft werden. Eine gesetzliche Ermächtigung muss zum einen den Stiftungsorganen zur Zweckänderung erteilt werden, zum anderen der Stiftungsaufsichtsbehörde für einen staatlichen Zwangseingriff. Die Zweckänderung durch die Stiftungsorgane ist in vielen Landesstiftungsgesetzen enthalten, wenn sie dem Willen des Stifters entspricht. Eine Zweckänderung durch die Stiftungsaufsichtsbehörde ist in § 87 Abs. 1 BGB geregelt. Eine Änderung ist nur dann zulässig, wenn einerseits der Stiftungszweck nicht mehr erfüllt werden kann, andererseits, wenn das Gemeinwohl gefährdet ist.[146]

8.2 Aufhebung der Stiftung

Eine rechtsfähige Stiftung kann solange existieren, bis diese durch einen staatlichen Akt aufgelöst bzw. aufgehoben wird. Eine Auflösung der Stiftung kann auf Beschluss der Stiftungsorgane oder von Amts wegen erfolgen. Außerdem gibt es noch die insolvenzbedingte Auflösung.

8.2.1 Auflösung durch die Aufsichtsbehörde

Falls die Erfüllung des Stiftungszwecks unmöglich geworden ist oder die Stiftung das Gemeinwohl gefährdet, kann die Stiftungsbehörde nach § 87 Abs. 1 BGB eine Stiftung aufheben bzw. auflösen.

Die Unmöglichkeit der Erfüllung des Stiftungszwecks kann nach zivilrechtlichen Grundsätzen beurteilt werden. Seit Inkrafttreten des Gesetzes zur Modernisierung

---

[145] Vgl. Brandmüller, Gerhard, Lindner, Reinhold, a.a.O., S. 107
[146] Vgl. Brandmüller, Gerhard, Lindner, Reinhold, a.a.O., S. 108

des Schuldrechts ist dieser abschließend in § 275 Abs. 1 BGB definiert. Dabei ist es gleichgültig, ob die Erfüllung aus tatsächlichen oder rechtlichen Gründen unmöglich ist und ob sie es schon bei der Gründung war oder erst nachträglich bekannt geworden ist. Vor allem die Zweckerreichung, der Wegfall aller Destinatäre und der Vermögensverlust sind Fälle einer tatsächlichen Unmöglichkeit. Wenn die Erfüllung des Stiftungszwecks gegen gesetzliche oder aufgrund eines Gesetzes erlassene Verbote verstößt, ist die Erfüllung rechtlich unmöglich.[147]

Nach § 87 Abs. 1 BGB ist die zweite Tatbestandsalternative erfüllt, wenn das Gemeinwohl durch die Erfüllung des Stiftungszwecks gefährdet wird. Wenn durch die Erfüllung des Stiftungszwecks Gesetze verletzt oder im Widerspruch zu Grundsatzentscheidungen der Rechts- oder Verfassungsordnung stehen und somit zu einer Beeinträchtigung von Verfassungsrechtsgütern führen, liegt eine Gemeinwohlgefährdung vor. Auch muss das Gemeinwohl durch die Erfüllung des Stiftungszwecks gefährdet sein und nicht durch das (Fehl-)Verhalten der Stiftungsorgane.[148]

8.2.2 Auflösung durch Organentscheidung

Eine Stiftung kann einerseits durch den Stifter selbst aufgehoben werden, falls dies in der Stiftungssatzung vorgesehen ist. Andererseits kann er die Aufhebung anordnen und sie somit dem Vorstand oder einem Dritten übertragen. Die Voraussetzungen der Aufhebung müssen allerdings in der Stiftungssatzung genau beschrieben sein. Erst wenn die Aufsichtsbehörde die Aufhebung genehmigt, ist die Aufhebung der Stiftung durch den Stifter, Vorstand oder Dritte rechtswirksam. Außerdem müssen steuerliche Konsequenzen beachtet werden, wenn die Stiftung aufgelöst wird. Zum einen entstehen Ertragsteuern, wenn stille Reserven realisiert werden, zum anderen unterliegt die Stiftung nochmals der Erbschaftsteuer.[149]

---

[147] Vgl. Werner, Olaf, Saenger, Ingo (Hrsg.), a.a.O., S. 448f.
[148] Vgl. Werner, Olaf, Saenger, Ingo (Hrsg.), a.a.O., S. 449f.
[149] Vgl. Brandmüller, Gerhard, Lindner, Reinhold, a.a.O., S. 109

8.2.3 Insolvenzbedingte Auflösung

Grundsätzlich ist ein Vermögensverlust kein Grund, die Stiftung zu beenden. Allerdings verliert die Stiftung erst mit Eröffnung des Insolvenzverfahrens automatisch ihre Rechtsfähigkeit (§§ 86, 42 BGB).[150] Gemäß diesen Vorschriften trifft den Stiftungsvorstand eine Insolvenzantragspflicht.[151]

Die Ablehnung der Insolvenz mangels Masse oder Vermögenslosigkeit ist kein Beendigungsgrund. Allerdings ist in diesen Fällen die Stiftung durch die Aufsichtsbehörde (§ 87 BGB) aufzuheben, wenn die Erfüllung dies Stiftungszwecks unmöglich geworden ist. Bei der Stiftung & Co. KG besteht eine Insolvenzantragspflicht nicht nur bei Zahlungsunfähigkeit, sondern auch bei Überschuldung (§ 130a HGB). Im Vergleich zu einer GmbH & Co. KG ist der Kommanditist einer Stiftung & Co. KG besser gestellt. Ein Grund dafür ist, dass Auszahlungen an den Kommanditisten in einer GmbH & Co. KG gegen das Verbot des § 30 Abs. 1 GmbHG verstoßen. Die Auszahlungen müssten dabei aus dem Vermögen der KG erbracht werden so dass mittelbar das Vermögen unter den Nennwert des Stammkapitals der GmbH herabsinkt.[152]

Zusammenfassend lässt sich sagen, dass mit der Auflösung die Stiftung ihre Rechtspersönlichkeit verliert und das Stiftungsvermögen auf die in der Satzung benannten Begünstigten übertragen wird. Die jeweiligen Vorschriften der InsO gehen im Falle eines Insolvenzverfahrens vor. Außerdem richtet sich die Anfallsberechtigung nach Landesrecht, wenn in der Satzung keine Begünstigten benannt sind. Soweit das Landesrecht keine besonderen Regelungen enthält, kommt das Vermögen somit dem Fiskus des Landes zugute, in dem die Stiftung ihren Sitz hatte.[153]

---

[150] Vgl. Brandmüller, Gerhard, Lindner, Reinhold, a.a.O., S. 111
[151] Vgl. Werner, Olaf, Saenger, Ingo (Hrsg.), a.a.O., S. 461
[152] Vgl. Brandmüller, Gerhard, Lindner, Reinhold, a.a.O., S. 111
[153] Vgl. Mercker Florian in: Strachwitz Rupert Graf, Mercker Florian (Hrsg.), Stiftungen in Theorie, Recht und Praxis, Berlin (Duncker & Humblot) 2005, S. 219

9 Zusammenfassung

In den kommenden Jahren steht beinahe jedes fünfte deutsche Familienunternehmen vor der Herausforderung, die anstehende Nachfolge im Unternehmen erfolgreich zu regeln. Die Stiftung ist eines der möglichen Nachfolgeinstrumente, das sich Familienunternehmen für Nachfolge bietet. Durch Einbeziehung in die Unternehmensnachfolge kann in der Regel die Zersplitterung der Gesellschaftsanteile am Unternehmen verhindert werden. Der Unternehmer kann in einer Stiftung größtmögliche Einflussnahme auf die Zukunft des Unternehmens nehmen. Um Nachfolgeprobleme infolge zerstrittener Familienverhältnisse oder fehlender Erben zu vermeiden, bietet sich die Stiftung an. Es wird der Unternehmensfortbestand gesichert, die Familie wird trotz finanzieller Absicherung der Hinterbliebenen außen vor gelassen. Allerdings ist sie nicht für jedes Unternehmen geeignet.

Die Errichtung einer Stiftung erfordert eine außerordentlich sorgfältige Vorbereitung, da die vom Unternehmer festgelegte Satzung in der Regel nicht mehr verändert werden kann. Deswegen sollte die bei der Errichtung der Stiftung die Satzung zukunftsfähig gestaltet werden, um die Stiftung dauerhaft überlebensfähig zu machen. Außerdem wird durch die Satzung jeglicher Einfluss der Familie bzw. der Hinterbliebenen verhindert. Da die Stiftung sich selbst gehört, können von Seiten der Erben keinerlei Eigentumsansprüche gestellt werden und wird somit vor Erbstreitigkeiten geschützt, die sonst ins Unternehmen hineingetragen werden.

Auf der einen Seite wird auf Dauer die Unternehmenskontinuität durch den nahezu unveränderbaren Stiftungszweck gesichert. Es erfolgen keine unvorhergesehenen oder unangemessenen Entnahmen sowie keine spekulativen oder überzogenen unternehmerische Aktivitäten. Das Unternehmensvermögen wird dauerhaft erhalten und es erfolgt eine satzungsmäßige Verwendung der Erträge. Eine Auflösung der Anteile durch Erbfolge wird vermieden. Die Versorgung der Angehörigen ist im Rahmen des § 58 Nr. 5 AO auch bei einer gemeinnützigen Stiftung möglich. Diese hat den besonderen Vorteil, dass keine Steuerpflicht bei Schenkungsteuer, Erbersatzsteuer, Körperschaftsteuer und Gewerbesteuer besteht. Bei einer Familienstiftung besteht die Möglichkeit, dass die Schenkungsteuer erlassen werden kann, wenn das Unternehmen nach Einbringung in das Stiftungsvermögen mindestens 10 Jahre unverändert fortgeführt wird.

Zum anderen denkt die Stiftung nicht unternehmerisch. Die Stiftung bietet gegenüber anderen Rechtsformen keinen Änderungs- und Gestaltungsspielraum. Es werden jegliche Risiken vermieden. Keinerlei aktiven oder kreativen Impulse werden zugelassen. Die Stiftung ist auf Dauer nicht in der Lage, schnell und flexibel auf Veränderungen des Marktes oder des Wettbewerbsumfeld sowie sonstigen Einflüssen reagieren zu können. Auch die Unternehmensfinanzierung kann problematisch sein. Eine Unternehmensstiftung, die Trägerin eines Unternehmens ist kann z.B. als gemeinnützige Stiftung nur eingeschränkt Rücklagen bilden und es besteht keine Möglichkeit, ihre Eigenkapitalbasis durch Aufnahme neuer Gesellschafter oder Börsengang zu verbessern. Anders die Beteiligungsträgerstiftung. Falls es in der Satzung nicht ausgeschlossen ist, erfolgt die Kapitalbeschaffung wie bei anderen Unternehmen auch durch Aufnahme neuer Gesellschafter oder über den Kapitalmarkt. Ein weiterer finanzieller Nachteil besteht durch Anfall der Schenkungsteuer bei erstmaliger Vermögensübertragung.

Dieser Zielkonflikt, zwischen der Unternehmensfortführung und den Veränderungen des unternehmerischen Umfeldes reagieren zu können, ist nur durch eine sorgfältige Gestaltung der Stiftungssatzung zu lösen. Es soll beachtet werden, dass der Stiftungszweck nicht ausschließlich oder zu sehr unternehmensbezogen ist.

Zusammenfassend kann festgestellt werden, dass die Rechtsform der Stiftung ein erfolgreiches Instrument im Rahmen einer Unternehmensnachfolge ist. Hierbei können sowohl Familienstiftungen als auch gemeinnützige Stiftungen für die Unternehmensnachfolge in Betracht kommen.

Literaturverzeichnis

Bayer, W., & Koch, E. (2009). *Unternehmens- und Vermögensnachfolge.* Baden-Baden: Nomos.

Berndt, H., & Götz, H. (2009). *Stiftung und Unternehmen* (8. Ausg.). Herne: Verlag Neue Wirtschafts-Briefe.

Beuthin, V., & Gummert, H. (2009). *Münchener Handbuch des Gesellschaftsrechts* (Bde. V: Verein, Stiftung bürgerlichen Rechts). München: Beck.

Brandmüller, G., & Lindner, R. (2005). *Gewerbliche Stiftungen* (3., überarbeitete Ausg.). Berlin: Erich Schmidt-Verlag.

Brönner, H. (2007). *Die Besteuerung der Gesellschaften.* Stuttgart: Schäffer-Poeschel.

Burgard, U. (2006). *Gestaltungsfreiheit im Stiftungsrecht.* Köln: Verlag Otto Schmidt.

Felden, B., & Pfannenschwarz, A. (2008). *Unternehmensnachfolge.* München: Oldenburg Verlag.

Frieser, A. (2008). *Fachanwaltskommentar Erbrecht.* Köln: Luchterhand.

Habig, H., & Berninghaus, J. (2004). *Die Nachfolge im Familienunternehmen ganzheitlich regeln* (2. Ausg.). Berlin: Springer.

IDW. (8 2000). Prüfung von Stiftungen (IDW PS 740). *Die Wirtschaftsprüfung*, S. 385-391.

IDW. (8 2000). Stellungnahme zur Rechnungslegung von Stiftungen (IDW RS HFA 5). *Die Wirtschaftsprüfung*, S. 391-399.

IDW. (10 2006). Stellungnahme zur Rechnungslegung von Vereinen (IDW RS HFA 14). *Die Wirtschaftsprüfung*, S. 692-698.

Jacobs, O. H. (2009). *Unternehmensbesteuerung und Rechtsform* (4., neu bearb. Ausg.). München: Beck.

Kaper, A. (2006). *Bürgerstiftungen.* Baden-Baden: Nomos.

Kempert, W. (2008). *Praxishandbuch für die Nachfolge im Familienunternehmen.* Wiesbaden: Gabler.

Lüdicke, J., & Sistermann, C. (2008). *Unternehmenssteuerrecht.* München: Beck.

Meyn, C., Richter, A., & Koss, C. (2009). *Die Stiftung* (2., überarbeitete und ergänzte Ausg.). Freiburg: Haufe.

Muscheler, K. (2005). *Stiftungsrecht.* Baden-Baden: Nomos.

Otto, L. (2007). *Handbuch der Stiftungspraxis.* Köln: Luchterhand.

Pues, L., & Scheerbarth, W. (2008). *Gemeinnützige Stiftungen im Zivil- und Steuerrecht* (3. Ausg.). München: Beck.

Richter, A., & Wachter, T. (2007). *Handbuch des internationalen Stiftungsrecht.* Bonn: zerb.

Schick, Schmidt, Ries, & Walbröl. (2001). *Praxis-Handbuch Stiftungen.* Regensburg/Berlin: Walhalla.

Seifart, W., & von Campenhausen, A. F. (2009). *Stiftungsrechts-Handbuch* (3. völlig überarbeitete Ausg.). München: Beck.

Stephan, P. (2002). *Nachfolge in mittelständischen Familienunternehmen.* Wiesbaden: Deutscher Universitäts-Verlag.

Strachwitz, R., & Mercker, F. (2005). *Stiftungen in Theorie, Recht und Praxis.* Berlin: Duncker & Humblot.

Wallenhorst, R., & Halaczinsky, R. (2009). *Die Besteuerung gemeinnütziger Vereine, Stiftung und juristischen Personen des öffentlichen Rechts* (6. völlig neu bearbeitete Ausg.). München: Vahlen.

Weber, C. (2009). *Stiftungen als Rechts- und Ausdrucksform Bürgerschaftlichen Engagements in Deutschland.* Baden-Baden: Nomos.

Werner, O., & Saenger, I. (2008). *Die Stiftung.* Berlin: Berliner Wissenschafts-Verlag.

Wigand, K., Haase-Theobald, C., Heuel, M., & Stolte, S. (2007). *Stiftungen in der Praxis.* Wiesbaden: Gabler.

Verzeichnis der zitierten Gesetze

Abgabenordnung (AO) in der Fassung der Bekanntmachung vom 1. Oktober 2002 (BGBl. I, S. 3869, ber. 2003 I, S. 61) zuletzt geändert durch Artikel 2 des Gesetzes vom 30. Juli 2009 (BGBl. I, S. 2474)

Gesetz über die Besteuerung bei Auslandsbeziehungen (AStG) in der Fassung vom 8. September 1972 (BGBl. I S. 1713) zuletzt geändert durch Artikel 9 des Gesetztes vom 19. Dezember 2008 (BGBl. I S. 2794)

Bürgerliches Gesetzbuch (BGB) in der Fassung der Bekanntmachung vom 2. Januar 2002 (BGBl. I, S. 42, ber. S. 2909 und BGBl. 2003 I, S. 738) zuletzt geändert durch Artikel 1 des Gesetzes vom 29. Juli 2009 (BGBl. I, S. 2286)

Einkommensteuergesetz (EStG) in der Fassung der Bekanntmachung vom 19. Oktober 2002 (BGBl. I, S. 4212, ber. 2003 I, S. 179) zuletzt geändert durch Artikel 8 des Gesetzes vom 10. August 2009 (BGBl. I, S. 2702)

Erbschaftsteuer- und Schenkungsteuergesetz (ErbStG) in der Fassung der Bekanntmachung vom 27. Februar 1997 (BGBl. I S. 378) zuletzt geändert durch Art. 1 des Gesetztes vom 24. Dezember 2008 (BGBl. I S. 3018)

Gewerbesteuergesetz (GewStG) in der Fassung der Bekanntmachung vom 15. Oktober 2002 (BGBl. I, S. 4168) zuletzt geändert durch Artikel 6 a des Gesetzes vom 17. März 2009 (BGBl. I, S. 550)

Grunderwerbsteuergesetz (GrEStG) in der Fassung der Bekanntmachung vom 26. Februar 1997 (BGBl. I S. 418, ber. S. 1804) zuletzt geändert durch Artikel 13 des Gesetzes vom 19. Dezember 2008 (BGBl. I S.2794)

Handelsgesetzbuch (HGB) vom 10. Mai 1897 (RGBl. S. 219) zuletzt geändert durch Artikel 6 a des Gesetzes vom 31. Juli 2009 (BGBl. I, S. 2512)

Körperschaftsteuergesetz (KStG) in der Fassung der Bekanntmachung vom 15. Oktober 2002 (BGBl. I, S. 4145) zuletzt geändert durch Artikel 2 des Gesetzes vom 29. Juli 2009 (BGBl. I, S. 2302)

Gesetz über die Rechnungslegung von bestimmten Unternehmen und Konzernen (PublG) vom 15. August 1969 (BGBl. I S. 1189 ber. 1970 I S. 1113) zuletzt geändert durch Artikel 4 des Gesetztes vom 25. Mai 2009 (BGBl. I S. 1102)

Umsatzsteuergesetz (UStG) in der Fassung der Bekanntmachung vom 21. Februar 2005 (BGBl. I S. 386) zuletzt geändert durch Artikel 8 des Gesetztes vom 16. Juli 2009 (BGBl. I S. 1959)

Anhang

Anhang 1: Errichtung einer rechtsfähigen Stiftung zu Lebzeiten (Stiftungsgeschäft)

Muster*
Errichtung einer rechtsfähigen Stiftung
zu Lebzeiten des Stifters
(Stiftungsgeschäft unter Lebenden)

Stiftungsgeschäft

über die Errichtung der

....

(Name der Stiftung)

I.

Hiermit errichte(n) ich (wir)

....

(Vorname, Name, Anschrift des Stifters / der Stifterin / der Stifter)

die..

(Name der Stiftung)

als rechtsfähige Stiftung bürgerlichen Rechts.

II.

Zweck dieser (gemeinnützigen) Stiftung ist die Förderung von

....

(z.B. Wissenschaft und Forschung, Kunst und Kultur etc.)

auf dem Gebiet

....

(Es besteht weiterhin die Möglichkeit vorzusehen, dass auf schriftlichen Antrag des Stifters / der Stifterin oder auf schriftlichen Antrag eines nächsten Angehörigen bis zu einem Drittel des Einkommens der Stiftung dazu verwandt werden kann, dem Antragsteller / der Antragstellerin in angemessener Weise Unterhalt zu gewähren.)

IV.

Die Stiftung wird mit folgendem Vermögen ausgestattet:

1. ....,

2. ....,

3. ....,

(Hier ist eine genaue Auflistung von Barvermögen, Wertpapiervermögen, Immobilienvermögen und Sachvermögen einzufügen)

V.
Die Stiftung soll durch einen aus ... Personen bestehenden Vorstand (und ein aus ... Personen bestehendes Kuratorium) verwaltet werden.
(Für den Stifter / die Stifterin besteht die Möglichkeit, selbst als Vorsitzende(r) des ersten Vorstandes zu wirken. So kann formuliert werden: „Vorsitzende/r des ersten Vorstandes werde ich selbst sein".)

Als ersten Vorstand bestelle ich (bestellen wir):

1. .... *(Vorname, Name, Anschrift)*

2. .... *(Vorname, Name, Anschrift)*

3. .... *(Vorname, Name, Anschrift)*

Als erstes Kuratorium bestelle ich (bestellen wir):

1. .... *(Vorname, Name, Anschrift)*

2. .... *(Vorname, Name, Anschrift)*

3. .... *(Vorname, Name, Anschrift)*

VI.
Die weiteren Einzelheiten über die Organisation der Stiftung und die Verwirklichung des Zwecks sind in der Stiftungssatzung geregelt, die Bestandteil dieses Stiftungsgeschäfts ist.
(Unzutreffendes bitte streichen und Ergänzungen entsprechend der Satzung vornehmen.)

....
(Ort und Datum)   *(Unterschrift des Stifters / der Stifterin)*

Hinweis: Das folgende Muster wurde im März 2009 erarbeitet. Es ist lediglich als Hilfestellung und Anregung zu verstehen. In keinem Fall sollten Sie den Mustertext in seiner jetzigen Form übernehmen, sondern jeweils an die konkreten Umstände anpassen. Es gibt Zweckmäßigkeitsfragen, die unterschiedlich beantwortet werden können.

Anhang 2: Errichtung einer rechtsfähigen Stiftung von Todes wegen (Stiftungsgeschäft)

Muster*
Errichtung einer rechtsfähigen Stiftung von Todes wegen (Stiftungsgeschäft)

Eine Stiftung kann durch Testament oder Erbvertrag errichtet und dabei zum Erben oder Vermächtnisnehmer werden. Bei privatschriftlicher Errichtung ist eine handschriftliche Abfassung mit Angabe von Datum und Ort sowie Unterschrift (Vor- und Zuname sowie bei Ehefrauen auch der Geburtsname) erforderlich. Die Fassung des Testamentes könnte dann folgende Form haben:

Testament

I.
Zu meiner Alleinerbin bestimme ich, (Vorname, Name, Anschrift) die hiermit errichtete
.... (Name der Stiftung).

II.
Die Stiftung soll als rechtsfähige Stiftung des bürgerlichen Rechts auf der Grundlage des Stiftungsgesetzes des Landes ... (Bundesland) vom ... (Datum des Inkrafttretens) genehmigt werden, damit Rechtsfähigkeit erlangen und ihren Sitz in ... (Ortsangabe) haben.

III.
Zweck der Stiftung ist die Förderung von ... (zum Beispiel: Wissenschaft und Forschung, Kunst und Kultur etc.) ... auf dem Gebiet ...

(Weiterhin kann angefügt werden: „Aus dem Einkommen der Stiftung soll ein Teil im Rahmen des steuerrechtlich Zulässigen zur regelmäßigen Pflege des Familiengrabes des Stifters und seiner nächsten Angehörigen auf dem ...-Friedhof in... (Name, Ortsangabe) verwendet werden")

IV.
Die Stiftung soll durch einen aus ... Personen bestehenden Vorstand und ein aus ... Personen bestehendes Kuratorium verwaltet werden.

Zu Mitgliedern des ersten Vorstandes bestelle ich:

1. ....(Vorname, Name, Anschrift)

2. ....(Vorname, Name, Anschrift)

3. ....(Vorname, Name, Anschrift)

Steht eine dieser Personen nicht zur Verfügung, so sollen die verbleibenden Vorstandsmitglieder gemeinsam und im Benehmen mit dem Testamentsvollstrecker eine andere geeignete Persönlichkeit benennen.

V.
Die weiteren Einzelheiten über die Organisation der Stiftung und die Verwirklichung des Zwecks sind in der Stiftungssatzung geregelt, die Bestandteil dieses Stiftungsgeschäfts ist.

VI.
(Angefügt können werden Vermächtnisse, die nicht Bestandteil des Grundstockvermögens der Stiftung werden sollen. Folgende Formulierung bietet sich an: „Zu Lasten meines Erbes setze ich folgende Vermächtnisse aus ...")

VII.
Ich ordne Testamentsvollstreckung an. Zum Testamentsvollstrecker bestelle ich:
.... (Vorname, Name, Anschrift)
oder ....(Ersatzregelungen, Benennungsrecht des Nachlassgerichts).

VIII.
Der Testamentsvollstrecker soll im Benehmen mit den von mir bestellten Vorstandsmitgliedern das Verfahren zur Genehmigung der Stiftung betreiben und zur konstituierenden Sitzung des Stiftungsvorstands einladen. Er ist befugt, nach meinem Tode die beigefügte Satzung zu ändern, soweit dies erforderlich ist, um meinem Willen im Genehmigungsverfahren Geltung zu verschaffen.

....

(Ort, Datum, Unterschrift)

Hinweis: Das folgende Muster wurde im März 2009 erarbeitet. Es ist lediglich als Hilfestellung und Anregung zu verstehen. In keinem Fall sollten Sie den Mustertext in seiner jetzigen Form übernehmen, sondern jeweils an die konkreten Umstände anpassen. Es gibt Zweckmäßigkeitsfragen, die unterschiedlich beantwortet werden können.

Anhang 3: Errichtung einer nichtrechtsfähigen Stiftung (Stiftungsgeschäft und Treuhandvertrag)

Muster*
Errichtung einer nichtrechtsfähigen (treuhänderischen) Stiftung zu Lebzeiten (Stiftungsgeschäft und Treuhandvertrag)

Es handelt sich dabei um einen Treuhandvertrag zwischen dem Stifter/der Stifterin und dem Stiftungsverwalter als Treuhänder. Es empfiehlt sich im Vertrag die Pflicht vorzusehen, auf Wunsch des Stifters/der Stifterin oder bei Erreichen eines bestimmten Stiftungsvermögens die Umwandlung in eine rechtsfähige Stiftung vorzusehen.

Stiftungsgeschäft

über die Errichtung der

....

(Name der Stiftung)

I.

Hiermit errichte(n) ich (wir)

....

(Vorname, Name, Anschrift des Stifters / der Stifterin / der Stifter)

die..

(Name der Stiftung)

als unselbstständige Stiftung.

II.

Zweck dieser (gemeinnützigen) Stiftung ist die Förderung von ....

....

(z.B. Wissenschaft und Forschung, Kunst und Kultur etc.)

auf dem Gebiet

....

(Es besteht weiterhin die Möglichkeit vorzusehen, dass auf schriftlichen Antrag des Stifters / der Stifterin oder auf schriftlichen Antrag eines nächsten Angehörigen bis zu einem Drittel des Einkommens der Stiftung dazu verwandt werden kann, dem Antragsteller / der Antragsstellerin in angemessener Weise Unterhalt zu gewähren)

III.

Als Stiftungsvermögen übereigne ich dem/der

....

(Name und Anschrift des Rechtsträgers/Treuhänders)

folgende Vermögensgegenstände:

1.
....,

2.
....,

3.
....,

(Hier ist eine genaue Auflistung von Barvermögen, Wertpapiervermögen, Immobilienvermögen und Sachvermögen einzufügen)

IV.
Die Stiftung soll durch einen aus ... Personen bestehendes Kuratorium haben.
(Für den Stifter / die Stifterin besteht die Möglichkeit, selbst als Vorsitzende(r) des ersten Kuratoriums zu wirken. So kann formuliert werden: „Vorsitzende/r des ersten Kuratoriums werde ich selbst sein")

Als erstes Kuratorium bestelle ich (bestellen wir):

1. .... (Vorname, Name, Anschrift)

2. .... (Vorname, Name, Anschrift)

3. .... (Vorname, Name, Anschrift)

V.
Die weiteren Einzelheiten über die Organisation der Stiftung und die Verwirklichung des Zwecks sind in der Stiftungssatzung geregelt, die Bestandteil dieses Stiftungsgeschäfts ist. *(Unzutreffendes bitte streichen und Ergänzungen entsprechend der Satzung vornehmen)*

....
(Ort und Datum)   (Unterschrift des Stifters / der Stifterin)

*Hinweis: Das folgende Muster wurde im März 2009 erarbeitet. Es ist lediglich als Hilfestellung und Anregung zu verstehen. In keinem Fall sollten Sie den Mustertext in seiner jetzigen Form übernehmen, sondern jeweils an die konkreten Umstände anpassen. Es gibt Zweckmäßigkeitsfragen, die unterschiedlich beantwortet werden können.

Anhang 4: Satzung einer rechtsfähigen Stiftung (Muster)

Muster*
Satzung einer rechtsfähigen Stiftung

Präambel

In einer kurzen Präambel können die Stifter / die Stifterin den Anlass und Motive für die Errichtung der Stiftung beschreiben. Diese Formulierungen können für die spätere Auslegung des Stifterwillens eine wertvolle Hilfe darstellen.

§ 1
Name, Rechtsform, Sitz und Geschäftsjahr

(1) Die Stiftung führt den
Namen...

(2) Sie ist eine rechtsfähige *(zusätzlich in Rheinland-Pfalz: öffentliche)* Stiftung des bürgerlichen Rechts.

(3) Sie hat ihren Sitz
in..(Ortsangabe).

(4) Geschäftsjahr der Stiftung ist das Kalenderjahr.

§ 2
Stiftungszweck

(1) Zweck der Stiftung
ist...
(z.B. die Förderung von Kunst und Kultur, Wissenschaft und Forschung, Bildung und Erziehung, des Umwelt-, Landschafts- und Denkmalschutzes, des Sports etc.)

(2) Der Stiftungszweck wird insbesondere verwirklicht
durch...
(Hier sollte eine Konkretisierung des Zwecks vorgenommen werden. Folgende Formulierungen kommen beispielsweise hierfür in Frage:
- Trägerschaft der... (Einrichtung) in ...,
- Zuwendungen an die ... (Einrichtung) in ...,
- Förderung von Vorhaben, die geeignet sind ...,
- Förderung von Maßnahmen, die ... zum Ziel haben,
- Durchführung von wissenschaftlichen Veranstaltungen und Forschungsvorhaben,
- Vergabe von Forschungsaufträgen,
- Gewährung von Stipendien etc.
Es sind die Vorschriften der Abgabenordnung zu beachten, falls eine Steuerbefreiung seitens des zuständigen Finanzamts angestrebt wird)

§ 3
Gemeinnützigkeit

(1) Die Stiftung verfolgt ausschließlich und unmittelbar gemeinnützige - mildtätige - kirchliche Zwecke (Unzutreffendes bitte streichen) im Sinne des Abschnitts "Steuerbegünstigte Zwecke" der Abgabenordnung.

(2) Die Stiftung ist selbstlos tätig. Sie verfolgt nicht in erster Linie eigenwirtschaftliche Zwecke. Die Mittel der Stiftung dürfen nur für die satzungsgemäßen Zwecke verwendet werden.

(3) Die Stiftung erfüllt ihre Aufgaben selbst oder durch eine Hilfsperson im Sinne des § 57 Abs. 1 S. 2 AO, sofern sie nicht im Wege der Mittelbeschaffung gemäß § 58 Nr. 1 AO tätig wird. Die Stiftung kann zur Verwirklichung des Stiftungszwecks Zweckbetriebe unterhalten.

§ 4
Stiftungsvermögen

(1) Das Stiftungsvermögen ergibt sich aus dem Stiftungsgeschäft. (und / oder Die Stiftung ist ferner Testamentserbe.)

(2) Das Stiftungsvermögen ist (nach Abzug von Vermächtnissen und Erfüllung von Auflagen) in seinem Bestand dauernd und ungeschmälert zu erhalten und sicher und ertragreich anzulegen.

(3) Vermögensumschichtungen sind zulässig. Umschichtungsgewinne dürfen ganz oder teilweise zur Erfüllung des Stiftungszwecks verwendet werden.

(4) Dem Stiftungsvermögen wachsen die Zuwendungen zu, die dazu bestimmt sind (Zustiftungen). Die Stiftung darf derartige Zustiftungen annehmen. Sie darf auch Zuwendungen ohne Zweckbestimmung aufgrund einer Verfügung von Todes wegen und freie Rücklagen im Sinne von § 58 Nr. 7a AO dem Stiftungsvermögen zuführen.

§ 5
Verwendung der Vermögenserträge und Zuwendungen

(1) Die Stiftung erfüllt ihre Aufgaben aus den Erträgen des Stiftungsvermögens und aus Zuwendungen, die nicht ausdrücklich zur Stärkung des Stiftungsvermögens bestimmt sind. Davon ausgenommen sind die Rücklagenbildung oder Zuführung zum Stiftungsvermögen gemäß § 58 Nr. 7a AO.

(2) Die Stiftung kann ihre Mittel ganz oder teilweise einer Rücklage zuführen, soweit dies erforderlich ist, um ihre steuerbegünstigten Zwecke nachhaltig erfüllen zu können und soweit für die Verwendung der Rücklage konkrete Ziel- und Zeitvorstellungen bestehen.

(3) Zur Werterhaltung können / sollen / müssen *(Unzutreffendes bitte streichen)* im Rahmen des steuerrechtlich Zulässigen Teile der jährlichen Erträge zur Substanzerhaltung und als Inflationsausgleich einer freien Rücklage oder dem Stiftungsvermögen zugeführt werden.

(4) Ein Rechtsanspruch Dritter auf Gewährung der jederzeit widerruflichen Förderleistungen aus der Stiftung besteht aufgrund dieser Satzung nicht.

(5) Mittel dürfen nur für die satzungsmäßigen Zwecke verwendet werden. Es darf keine Person durch Ausgaben, die dem Zweck der Stiftung fremd sind, oder durch unverhältnismäßig hohe Vergütungen begünstigt werden.

§ 6
Organe der Stiftung

(1) Organe der Stiftung sind der Vorstand und das Kuratorium. *(Der Stifter kann auch andere Bezeichnungen wählen oder weitere Organe einrichten)*

(2) Die Mitglieder der Stiftungsorgane sind ehrenamtlich tätig. Sie haben jedoch Anspruch auf Ersatz ihrer notwendigen Auslagen. (oder anstelle der Ehrenamtlichkeit: Sie haben Anspruch auf Ersatz der ihnen entstandenen Auslagen und Aufwendungen. Für den Zeitaufwand und Arbeitseinsatz der Mitglieder des Vorstandes kann das Kuratorium eine in ihrer Höhe angemessene Pauschale beschließen.

(3) Ein Mitglied eines Organs kann nicht zugleich einem anderen Organ angehören.

(Evtl. einfügen: Es kann zusätzlich bestimmt werden, dass sich die Haftung der Organmitglieder gegenüber der Stiftung auf Vorsatz und grobe Fahrlässigkeit beschränken soll)

§ 7
Vorstand

(1) Der Vorstand besteht aus (bis zu /mindestens) ... Mitgliedern.
(Hier kann auch eine Minimal- und Maximalanforderung formuliert werden)

(2) Der erste Vorstand ist im Stiftungsgeschäft berufen. Er gehört dem Vorstand auf Lebenszeit an. Zu seinen Lebzeiten ist der Stifter Vorsitzender des Vorstandes und bestellt auch den stellvertretenden Vorsitzenden und die anderen Vorstandsmitglieder. Der Stifter ist berechtigt, das Amt jederzeit niederzulegen.

(3) Nach dem Tod des Stifters bestellt das Kuratorium auf Vorschlag der verbleibenden Vorstandsmitglieder ein neues Vorstandsmitglied. Wiederbestellungen sind zulässig. Die Amtszeit der Vorstandsmitglieder beträgt vier Jahre. Der Vorstand wählt nach Ausscheiden des Stifters und der Ergänzung des Vorstandes aus seiner Mitte einen Vorsitzenden und einen stellvertretenden Vorsitzenden.

(4) Dem Vorstand sollen Personen angehören, die besondere Fachkompetenz und Erfahrung in Hinblick auf die Aufgabenerfüllung der Stiftung aufweisen. Ein Mit-

glied soll in Finanz und Wirtschaftsfragen sachverständig sein. Mitglieder des Kuratoriums dürfen nicht zugleich dem Vorstand angehören.

(5) Das Amt eines Vorstandsmitgliedes endet nach Ablauf der Amtszeit (oder bei Vollendung des ... Lebensjahres). Das Vorstandsmitglied bleibt in diesen Fällen solange im Amt, bis ein Nachfolger bestellt ist. Das Amt endet weiter durch Tod und durch Niederlegung, die jederzeit zulässig ist. In diesen Fällen bilden die verbleibenden Vorstandsmitglieder den Vorstand. Bis zum Amtsantritt des Nachfolgers führen sie die unaufschiebbaren Aufgaben der laufenden Stiftungsverwaltung allein weiter. Ein ausgeschiedenes Vorstandmitglied ist unverzüglich vom Kuratorium zu ersetzen. Vom Stifter bestellte Vorstandsmitglieder können von diesem, andere Vorstandsmitglieder können vom Kuratorium oder vom Vorstand jederzeit aus wichtigem Grunde abberufen werden. Ihnen ist zuvor Gelegenheit zur Stellungnahme zu geben.

§ 8
Aufgaben des Vorstandes

(1) Der Vorstand entscheidet in allen grundsätzlichen Angelegenheiten nach Maßgabe der Satzung in eigener Verantwortung und führt die laufenden Geschäfte der Stiftung. Er hat die Stellung eines gesetzlichen Vertreters und vertritt die Stiftung gerichtlich und außergerichtlich. Die Mitglieder des Stiftungsvorstandes sind einzelvertretungsberechtigt. Im Innenverhältnis vertritt der Vorsitzende des Stiftungsvorstandes die Stiftung allein, für den Fall der Verhinderung der stellvertretende Vorsitzende.

(2) Der Vorstand hat im Rahmen des Stiftungsgesetzes und dieser Stiftungssatzung den Willen des Stifters so wirksam wie möglich zu erfüllen. Seine Aufgaben sind insbesondere:
- die Verwaltung des Stiftungsvermögens,
- die Verwendung der Stiftungsmittel,
- die Aufstellung eines Haushaltsplanes, der Jahresrechnung und des Tätigkeitsberichtes.

(3) Zur Vorbereitung seiner Beschlüsse, der Erledigung seiner Aufgaben und insbesondere der Wahrnehmung der laufenden Geschäfte kann der Vorstand einen Geschäftsführer bestellen und Sachverständige hinzuziehen.

§ 9
Beschlussfassung des Vorstandes

(1) Beschlüsse des Vorstandes werden in der Regel auf Sitzungen gefasst. Der Vorstand wird vom Vorsitzenden oder seinem Stellvertreter nach Bedarf, mindestens aber einmal jährlich unter Angabe der Tagesordnung und Einhaltung einer Frist von zwei Wochen zu einer Sitzung einberufen. Sitzungen sind ferner einzuberufen, wenn ... Mitglieder des Vorstandes dies verlangen. Wenn kein Mitglied des Vorstandes widerspricht, können Beschlüsse auch im schriftlichen Verfahren gefasst werden.

(2) Ein Vorstandsmitglied kann sich in der Sitzung durch ein anderes Vorstandsmitglied vertreten lassen. Kein Vorstandsmitglied kann mehr als ein anderes Vorstandsmitglied vertreten.

(3) Der Vorstand ist beschlussfähig, wenn nach ordnungsgemäßer Ladung mindestens die Hälfte / zwei Drittel seiner Mitglieder *(Unzutreffendes bitte streichen)*, unter ihnen der Vorsitzende oder sein Stellvertreter, anwesend oder vertreten sind. Ladungsfehler gelten als geheilt, wenn alle Mitglieder anwesend sind und niemand widerspricht. An einer schriftlichen Abstimmung muss / müssen sich mindestens die Hälfte / zwei Drittel *(Unzutreffendes bitte streichen)* der Vorstandsmitglieder beteiligen.

(4) Der Vorstand trifft seine Entscheidungen mit einfacher Mehrheit der anwesenden oder sich an der schriftlichen Abstimmung beteiligenden Mitglieder, sofern die Satzung nichts Abweichendes bestimmt. Bei Stimmengleichheit gibt die Stimme des Vorsitzenden, ersatzweise seines Stellvertreters den Ausschlag.

(5) Über die Sitzungen sind Niederschriften zu fertigen und vom Sitzungsleiter und dem Protokollanten zu unterzeichnen. Sie sind allen Mitgliedern des Vorstandes und dem Vorsitzenden des Kuratoriums zur Kenntnis zu bringen.

(6) Weitere Regelungen über den Geschäftsgang des Vorstandes und diejenigen Rechtsgeschäfte, zu deren Durchführung der Vorstand der Zustimmung des Kuratoriums bedarf, kann eine vom Kuratorium zu erlassende Geschäftsordnung enthalten.

§ 10
Kuratorium

(1) Das Kuratorium besteht aus ... Mitgliedern. Die Mitglieder des ersten Kuratoriums werden vom Stifter berufen. *(Auch hier ist eine Minimal- und Maximalanforderung denkbar)*

(2) Scheidet ein Kuratoriumsmitglied aus, so wählt das Kuratorium auf Vorschlag des Vorstandes einen Nachfolger. Wiederwahlen sind zulässig. Die Amtszeit der Kuratoriumsmitglieder beträgt vier Jahre. Das Kuratorium wählt aus seiner Mitte einen Vorsitzenden und einen stellvertretenden Vorsitzenden.

(3) Dem Kuratorium sollen Personen angehören, die besondere Fachkompetenz und Erfahrung in Hinblick auf die Aufgabenerfüllung der Stiftung aufweisen. Ein Mitglied soll in Finanz- und Wirtschaftsfragen sachverständig sein.

(4) Das Amt eines Kuratoriumsmitgliedes endet nach Ablauf der Amtszeit oder bei Vollendung des ... Lebensjahres. Das Kuratoriumsmitglied bleibt in diesen Fällen solange im Amt, bis ein Nachfolger bestellt ist. Das Amt endet weiter durch Tod und durch Niederlegung, die jederzeit zulässig ist. In diesen Fällen bilden die verbleibenden Kuratoriumsmitglieder das Kuratorium. Bis zum Amtsantritt des Nachfolgers führen sie die unaufschiebbaren Aufgaben allein weiter. Ein ausgeschiedenes Kuratoriumsmitglied ist unverzüglich vom Kuratorium durch Zuwahl zu ersetzen. Ein Kuratoriumsmitglied kann vom Kuratorium in einer gemeinsamen Sitzung mit dem Vorstand jederzeit aus wichtigem Grunde abberufen werden. Der Beschluss bedarf der Mehrheit der Mitglieder von Vorstand und Kuratorium.
Das betroffene Mitglied ist bei dieser Abstimmung von der Stimmabgabe ausgeschlossen. Ihm ist zuvor Gelegenheit zur Stellungnahme zu geben.

§ 11
Aufgaben und Beschlussfassung des Kuratoriums

(1) Das Kuratorium berät, unterstützt und überwacht den Vorstand im Rahmen des Stiftungsgesetzes und dieser Stiftungssatzung, um den Willen des Stifters so wirksam wie möglich zu erfüllen. Seine Aufgaben sind insbesondere:
- Empfehlungen für die Verwaltung des Stiftungsvermögens,
- Empfehlungen für die Verwendung der Stiftungsmittel,
- Genehmigung des Haushaltsplanes, der Jahresrechnung und des Tätigkeitsberichtes
- Entlastung des Vorstandes,
- Bestellung von Mitgliedern des Vorstandes.

(2) Zur Vorbereitung seiner Beschlüsse kann das Kuratorium Sachverständige hinzuziehen.

(3) Das Kuratorium soll mindestens einmal im Jahr zu einer ordentlichen Sitzung zusammenkommen. Eine außerordentliche Sitzung ist einzuberufen, wenn mindestens ... Mitglieder oder der Vorstand dies verlangen. Die Mitglieder des Vorstandes, der Geschäftsführer und Sachverständige können an den Sitzungen des Kuratoriums beratend teilnehmen.

(4) Für die Beschlussfassung des Kuratoriums gilt § 9 entsprechend. (Für eine gemeinsame Beschlussfassung von Vorstand und Kuratorium sind entsprechende Regelungen, insbesondere zur Ladung bei gemeinsamer Sitzung / Mehrheiten zu ergänzen; ein pauschaler Verweis auf § 9 reicht nicht) Das Kuratorium kann sich eine Geschäftsordnung geben.

§ 12
Satzungsänderung

(1) Die Organe der Stiftung können Änderungen der Satzung beschließen, wenn sie den Stiftungszweck nicht berühren und die ursprüngliche Gestaltung der Stiftung nicht wesentlich verändern oder die Erfüllung des Stiftungszwecks erleichtern.

(2) Beschlüsse über Änderungen der Satzung können nur auf gemeinsamen Sitzungen von Vorstand und Kuratorium gefasst werden. Der Änderungsbeschluss bedarf einer Mehrheit von zwei Dritteln der Mitglieder des Vorstandes und des Kuratoriums.

(3) Beschlüsse über Änderungen der Satzung bedürfen der Genehmigung der Stiftungsaufsichtsbehörde. Sie sind mit einer Stellungnahme der zuständigen Finanzbehörde anzuzeigen.

§ 13
Zweckerweiterung, Zweckänderung, Zusammenlegung, Auflösung

(1) Die Organe der Stiftung können der Stiftung einen weiteren Zweck geben, der dem ursprünglichen Zweck verwandt ist und dessen dauernde und nachhaltige Verwirklichung ohne Gefährdung des ursprünglichen Zwecks gewährleistet erscheint, wenn das Vermögen oder der Ertrag der Stiftung nur teilweise für die Verwirklichung des Stiftungszwecks benötigt wird.

(2) Die Organe der Stiftung können die Änderung des Stiftungszwecks, die Zusammenlegung mit einer anderen Stiftung oder die Auflösung der Stiftung beschließen, wenn der Stiftungszweck unmöglich wird oder sich die Verhältnisse derart ändern, dass die dauernde und nachhaltige Erfüllung des Stiftungszwecks nicht mehr sinnvoll erscheint (möglich ist). Die Beschlüsse dürfen die Steuerbegünstigung der Stiftung nicht beeinträchtigen.

(3) Beschlüsse über Zweckerweiterung, Zweckänderung, Zusammenlegung oder Auflösung können nur auf gemeinsamen Sitzungen von Vorstand und Kuratorium gefasst werden. Der Änderungsbeschluss bedarf einer Mehrheit von drei Vierteln (der Einstimmigkeit) der Mitglieder des Vorstandes und des Kuratoriums.

(4) Beschlüsse über Zweckerweiterung, Zweckänderung, Zusammenlegung oder Auflösung werden erst nach Genehmigung der Stiftungsaufsichtsbehörde wirksam. Sie sind mit einer Stellungnahme der zuständigen Finanzbehörde anzuzeigen.

§ 14
Vermögensanfall

Bei Auflösung oder Aufhebung der Körperschaft oder bei Wegfall steuerbegünstigter Zwecke fällt das Vermögen der Körperschaft
1. an ... (*Bezeichnung einer juristischen Person des öffentlichen Rechts oder einer*

anderen steuerbegünstigten Körperschaft), welche es unmittelbar und ausschließlich für gemeinnützige, mildtätige oder kirchliche Zwecke zu verwenden hat.
oder
2. an eine juristische Person des öffentlichen Rechts oder an eine andere steuerbegünstigte Körperschaft zwecks Verwendung für... *(Angabe eines bestimmten gemeinnützigen, mildtätige oder kirchlichen Zwecks, z.B. Förderung von Wissenschaft und Forschung, Erziehung, Volks- und Berufsbildung, Unterstützung von Personen, die im Sinne von § 53 AO wegen... bedürftig sind, Unterhaltung des Gotteshauses in ...).*

§ 15
Stiftungsaufsicht

(1) Die Stiftung unterliegt der staatlichen Aufsicht nach Maßgabe des jeweils im Lande .... geltenden Stiftungsrechts.

(2) Stiftungsaufsichtsbehörde ist .... in........................

(3) Die Stiftungsaufsichtsbehörde ist auf Wunsch jederzeit über die Angelegenheiten der Stiftung zu unterrichten. Mitteilungen über Änderungen in der Zusammensetzung der Stiftungsorgane sowie Haushaltsplan, Jahresrechnung und Tätigkeitsbericht sind unaufgefordert vorzulegen.

....

(Ort, Datum)   *(Unterschrift/en des Stifters / der Stifter)*

*Hinweis: Das folgende Muster wurde im März 2009 erarbeitet. Es ist lediglich als Hilfestellung und Anregung zu verstehen. In keinem Fall sollten Sie den Mustertext in seiner jetzigen Form übernehmen, sondern jeweils an die konkreten Umstände anpassen. Es gibt Zweckmäßigkeitsfragen, die unterschiedlich beantwortet werden können.

Anhang 5: Satzung einer nichtrechtsfähigen Stiftung (Muster)

Muster*
**Satzung einer nichtrechtsfähigen (unselbstständigen/
treuhänderischen) Stiftung**

Die folgende Satzungsgestaltung sieht eine Stiftung mit einem eigenen Entscheidungsgremium und damit eigener Steuersubjektivität vor. Eine Stiftung ohne eigenes Organ empfiehlt sich, wenn der Stifter/die Stifterin keine eigene Mitentscheidung wünscht, die Stiftung von Todes wegen errichtet wird, nur ein relativ geringes Vermögen aufweist oder die Ausrichtung der Förderentscheidungen in der Satzung klar vorgezeichnet ist.

**§ 1
Name, Rechtsform**

(1) Die Stiftung führt den Namen

....*(Name der Stiftung)*

(2) Sie ist eine nichtrechtsfähige Stiftung in der Verwaltung des/der.............................. *(Name des Rechtsträgers)* und wird von diesem folglich im Rechts- und Geschäftsverkehr vertreten.

**§ 2
Stiftungszweck**

(1) Zweck der Stiftung ist

....

(z.B. die Förderung von Kunst und Kultur, Wissenschaft und Forschung etc.)

auf dem Gebiete

....

(2) Der Stiftungszweck wird insbesondere verwirklicht
durch..................................
*(Hier sollte eine Konkretisierung des Zwecks vorgenommen werden; für die beispielsweise die
folgenden Formulierungen in Frage kommen:*
- Zuwendungen an die ...(Einrichtung) in ...,
- Förderung von Vorhaben, die geeignet sind ...,
- Förderung von Maßnahmen, die ... zum Ziel haben,
- Gewährung von Stipendien für...,
- Beschaffung von Mitteln gemäß § 58 Nr. 1 der Abgabenordnung (AO)zur Förderung von
... für die Verwirklichung der steuerbegünstigten Zwecke einer anderen

Körperschaft oder für die Verwirklichung steuerbegünstigter Zwecke durch eine Körperschaft des öffentlichen Rechts. Es sind die Vorschriften der Abgabenordnung zu beachten, falls eine Steuerbefreiung seitens des zuständigen Finanzamts angestrebt wird)

§ 3
Gemeinnützigkeit

(1) Die Stiftung verfolgt ausschließlich und unmittelbar gemeinnützige - mildtätige – kirchliche Zwecke (nicht verfolgte Zwecke streichen) im Sinne des Abschnitts "Steuerbegünstigte Zwecke" der Abgabenordnung.

(2) Die Stiftung ist selbstlos tätig. Sie verfolgt nicht in erster Linie eigenwirtschaftliche Zwecke. Die Mittel der Stiftung dürfen nur für die satzungsmäßigen Zwecke verwendet werden.

(3) Keine Person darf durch Ausgaben, die dem Zweck der Stiftung fremd sind, oder durch unverhältnismäßig hohe Vergütungen begünstigt werden.

(4) Die Stiftung erfüllt ihre Aufgaben selbst oder durch eine Hilfsperson im Sinne des § 57 Abs. 1 S. 2 AO, sofern sie nicht im Wege der Mittelbeschaffung gemäß § 58 Nr. 1 AO tätig wird. Die Stiftung kann zur Verwirklichung des Stiftungszwecks Zweckbetriebe unterhalten.

§ 4
Stiftungsvermögen

(1) Die Stiftung wird mit dem aus dem Stiftungsgeschäft / Testament ersichtlichen Anfangsvermögen ausgestattet.

(2) Das Stiftungsvermögen ist (nach Abzug von Vermächtnissen und Erfüllung von Auflagen) in seinem Bestand dauernd und ungeschmälert zu erhalten und sicher und ertragreich anzulegen.

(3) Vermögensumschichtungen sind zulässig. Umschichtungsgewinne dürfen ganz oder teilweise zur Erfüllung des Stiftungszwecks verwendet werden.

(4) Dem Stiftungsvermögen wachsen die Zuwendungen zu, die dazu bestimmt sind (Zustiftungen). Die Stiftung darf derartige Zustiftungen annehmen. Sie darf auch Zuwendungen ohne Zweckbestimmung aufgrund einer Verfügung von Todes wegen und freie Rücklagen im Sinne von § 58 Nr. 7a AO dem Stiftungsvermögen zuführen.

§ 5
Verwendung der Vermögenserträge und Zuwendungen

(1) Die Stiftung erfüllt ihre Aufgaben aus den Erträgen des Stiftungsvermögens und aus Zuwendungen, soweit diese nicht ausdrücklich zur Stärkung des Stiftungsvermögens bestimmt sind. Davon ausgenommen sind die Rücklagenbildung oder Zuführung zum Stiftungsvermögen gemäß § 58 Nr. 7a AO.

(2) Zur Werterhaltung können / sollen / müssen (Unzutreffendes bitte streichen) im Rahmen des steuerrechtlich Zulässigen Teile der jährlichen Erträge zur Substanzerhaltung und als Inflationsausgleich einer freien Rücklage oder dem Stiftungsvermögen zugeführt werden.

(3) Ein Rechtsanspruch Dritter auf Gewährung der jederzeit widerruflichen Förderleistungen aus der Stiftung besteht aufgrund dieser Satzung nicht.

§ 6
Stiftungsorgan

(1) Organ der Stiftung ist das Kuratorium (oder Stiftungsrat/Beirat).

(2) Die Mitglieder des Kuratoriums sind ehrenamtlich tätig. Sie haben jedoch Anspruch auf Ersatz der ihnen entstandenen, angemessenen Auslagen und Aufwendungen. Oder alternativ: Für den Zeitaufwand und Arbeitseinsatz der Mitglieder des Kuratoriums kann eine in ihrer Höhe angemessene Entschädigung (Pauschale) vorgesehen werden.

§ 7
Kuratorium

(1) Das Kuratorium besteht aus ... Mitgliedern. (Es ist auch die Formulierung einer Minimal- und Maximalgröße möglich, z. B. mindestens 3 Mitglieder oder maximal 7 Mitglieder.)

(2) Geborene Mitglieder sind der Stifter (oder eine von ihm benannte Person sowie der Vertreter des ... (Treuhänders)). Vorsitzender des Kuratoriums ist zu seinen Lebzeiten der Stifter / die Stifterin, dann die ihm nachfolgende Person. Der Stifter / die Stifterin ist berechtigt, das Amt jederzeit niederzulegen.

(3) Die geborenen Mitglieder können ... weitere Mitglieder bestellen (kooptierte Mitglieder). Die Amtszeit der Kuratoriumsmitglieder beträgt jeweils ... Jahre. Wiederbestellungen sind zulässig. Beim Ausscheiden eines kooptierten Kuratoriumsmitglieds wird der Nachfolger von den verbleibenden (geborenen) Mitgliedern benannt. (Es kann auch eine Altersobergrenze vorgesehen werden.)

(4) Das Kuratorium wählt aus seiner Mitte einen Vorsitzenden und einen stellvertretenden Vorsitzenden.

(5) Dem Kuratorium sollen Personen angehören, die besondere Fachkompetenz und Erfahrung in Hinblick auf die Aufgabenerfüllung der Stiftung aufweisen. Ein Mitglied soll in Finanz- und Wirtschaftsfragen sachverständig sein. (Ein Stiftungsratsmitglied soll der Stifterfamilie entstammen.)

§ 8
Aufgaben des Kuratoriums

(1) Das Kuratorium beschließt über die Verwendung der Stiftungsmittel. Gegen diese Entscheidung steht dem ... (Treuhänder) ein Vetorecht zu, wenn sie gegen die Satzung oder rechtliche oder steuerliche Bestimmungen verstößt. (oder alternativ: Das Kuratorium trifft die strategischen Grundsatzentscheidungen und hat insbesondere darauf zu achten, dass der Stiftungszweck dauernd und nachhaltig erfüllt wird. Evtl. Nennung der Bereiche, die der Beschlussfassung durch das Kuratorium unterliegen)

§ 9
Einberufung und Beschlussfassung des Kuratoriums

(1) Beschlüsse des Kuratoriums werden in der Regel auf Sitzungen gefasst. Das Kuratorium wird vom ... (Rechtsträger) nach Bedarf, mindestens aber einmal jährlich unter Angabe der Tagesordnung und Einhaltung einer Frist von zwei Wochen zu einer Sitzung einberufen. Sitzungen sind ferner einzuberufen, wenn ... Mitglieder des Kuratoriums dies verlangen.

(2) Wenn kein Mitglied des Kuratoriums widerspricht, können Beschlüsse auch im schriftlichen Umlaufverfahren gefasst werden. Im schriftlichen Verfahren gilt eine Äußerungsfrist von ... Wochen seit Absendung der Aufforderung zur Abstimmung.

(3) Das Kuratorium ist beschlussfähig, wenn nach ordnungsgemäßer Ladung mindestens ... Mitglieder/mehr als die Hälfte seiner Mitglieder, einschließlich des Vorsitzenden oder seines Stellvertreters, anwesend sind. Ladungsfehler gelten als geheilt, wenn alle Mitglieder anwesend sind und niemand widerspricht.

(4) Das Kuratorium trifft seine Entscheidungen mit einfacher Mehrheit der abgegebenen Stimmen, sofern die Satzung nichts Abweichendes bestimmt. Bei Stimmengleichheit gibt die Stimme des Vorsitzenden, ersatzweise seines Stellvertreters, den Ausschlag.

(5) Über die Sitzungen sind Niederschriften zu fertigen und vom Sitzungsleiter und dem Protokollanten zu unterzeichnen. Sie sind allen Mitgliedern des Kuratoriums zur Kenntnis zu bringen.

(6) Beschlüsse, die eine Änderung des Stiftungszwecks oder die Auflösung der Stiftung betreffen, können nur auf Sitzungen gefasst werden.

(7) Beschlüsse über Satzungsänderungen bedürfen der Zustimmung des ... (Name des Rechtsträgers).

§ 10
Treuhandverwaltung

(1) Der ... (Name des Rechtsträgers) verwaltet das Stiftungsvermögen getrennt von seinem Vermögen. Er vergibt die Stiftungsmittel und wickelt die Fördermaßnahmen ab.

(2) Der ... (Name des Rechtsträgers)legt dem Kuratorium auf den 31.12. eines jeden Jahres einen Bericht vor, der auf der Grundlage eines testierten Vermögensnachweises die Vermögensanlage sowie die Mittelverwendung erläutert. Im Rahmen seiner öffentlichen Berichterstattung sorgt er auch für eine angemessene Publizität der Stiftungsaktivitäten.

(3) Der ... (Name des Rechtsträgers) belastet die Stiftung für seine Verwaltungsleistungen mit pauschalierten Kosten. Vereinbarte Zusatzleistungen und Reiseaufwendungen werden gesondert abgerechnet.

§ 11
Anpassung der Stiftung an veränderte Verhältnisse und Auflösung

(1) Ändern sich die Verhältnisse derart, dass die dauernde und nachhaltige Erfüllung des Stiftungszwecks von ... (Name des Rechtsträgers)und dem Kuratorium nicht mehr für sinnvoll gehalten wir können beide gemeinsam einen neuen Stiftungszweck beschließen.

(2) Der Beschluss bedarf der Zustimmung aller / einer Mehrheit von ... der Mitglieder des Kuratoriums. Der neue Stiftungszweck hat gemeinnützig zu sein und auf dem Gebiet der... zu liegen.

(3) ...(Name des Rechtsträgers) und Kuratorium können gemeinsam die Auflösung der Stiftung beschließen, wenn die Umstände es nicht mehr zulassen, den Stiftungszweck dauerhaft und nachhaltig zu erfüllen. Der ... (Name des Rechtsträgers) kann allein die Auflösung der Stiftung beschließen, wenn in der Endausstattung zum ...(Datum) ein Mindestvermögen von ...€ (in Worten: ... Euro) nicht erreicht wird.

§ 12
Trägerwechsel

Im Falle der Auflösung, des Wegfalls oder einer schwerwiegenden Pflichtverletzung des Stiftungsträgers kann der Stiftungsrat die Fortsetzung der Stiftung bei einem anderen Träger oder als selbständige Stiftung beschließen.

§ 13
Vermögensanfall

Bei Auflösung oder Aufhebung der Körperschaft oder bei Wegfall steuerbegünstigter Zwecke fällt das Vermögen der Körperschaft
1. an ... (Bezeichnung einer juristischen Person des öffentlichen Rechts oder einer anderen steuerbegünstigten Körperschaft), welche es unmittelbar und ausschließlich für gemeinnützige, mildtätige oder kirchliche Zwecke zu verwenden hat.
oder
2. an eine juristische Person des öffentlichen Rechts oder an eine andere steuerbegünstigte Körperschaft zwecks Verwendung für... (Angabe eines bestimmten gemeinnützigen, mildtätige oder kirchlichen Zwecks, z.B. Förderung von Wissenschaft und Forschung, Erziehung, Volks- und Berufsbildung, Unterstützung von Personen, die im Sinne von § 53 AO wegen... bedürftig sind, Unterhaltung des Gotteshauses in ...).

§ 14
Stellung des Finanzamtes

Beschlüsse über Satzungsänderungen und der Beschluss über die Auflösung der Stiftung sind
dem zuständigen Finanzamt anzuzeigen. Für Satzungsänderungen, die den Zweck der Stiftung
betreffen, ist die Unbedenklichkeitserklärung des Finanzamtes einzuholen.
(Unterschrift empfehlenswert, aber nicht zwingend, da bereits Stiftungsgeschäft unterschrieben, das Satzung mit einbezieht)

....
(Ort, Datum)   (Unterschrift/en des Stifters / der Stifter)

*Hinweis: Das folgende Muster wurde im März 2009 erarbeitet. Es ist lediglich als Hilfestellung und Anregung zu verstehen. In keinem Fall sollten Sie den Mustertext in seiner jetzigen Form übernehmen, sondern jeweils an die konkreten Umstände anpassen. Es gibt Zweckmäßigkeitsfragen, die unterschiedlich beantwortet werden können.

Anhang 6: Landesstiftungsgesetz Bayern

282-1-1-UK/WFK
Bayerisches Stiftungsgesetz (BayStG)
in der Fassung der Bekanntmachung vom 26. September 2008
Fundstelle: GVBl 2008, S. 834

Inhaltsübersicht

Erster Abschnitt
Allgemeine Bestimmungen

Art. 1

(1) Dieses Gesetz gilt für Stiftungen, die nach ihrer Satzung ihren Sitz im Freistaat Bayern haben.

(2) Stiftungen im Sinn dieses Gesetzes sind die rechtsfähigen Stiftungen des bürgerlichen Rechts und des öffentlichen Rechts.

(3) [1] Stiftungen des öffentlichen Rechts im Sinn dieses Gesetzes sind Stiftungen, die ausschließlich öffentliche Zwecke verfolgen und mit dem Staat, einer Gemeinde, einem Gemeindeverband oder einer sonstigen unter der Aufsicht des Staates stehenden Körperschaft oder Anstalt des öffentlichen Rechts in einem organischen Zusammenhang stehen, der die Stiftung selbst zu einer öffentlichen Einrichtung macht. [2] Als öffentliche Zwecke gelten die der Religion, der Wissenschaft, der Forschung, der Bildung, dem Unterricht, der Erziehung, der Kunst, der Denkmalpflege, der Heimatpflege, dem Schutz der natürlichen Lebensgrundlagen, dem Sport, den sozialen Aufgaben oder sonst dem Gemeinwohl dienenden Zwecke.

(4) Stiftungen des öffentlichen Rechts sind ferner kirchliche Stiftungen (Art. 21 Abs. 1), die ausschließlich kirchliche Zwecke verfolgen und mit einer Kirche im Sinn des Art. 21, einer kirchlichen Körperschaft des öffentlichen Rechts im Sinn des Art. 26a des Kirchensteuergesetzes oder einer sonstigen Körperschaft im Sinn des Art. 24 in einem organischen Zusammenhang entsprechend Abs. 3 Satz 1 stehen.

Art. 2

(1) Die Achtung vor dem Stifterwillen ist oberste Richtschnur bei der Handhabung dieses Gesetzes.

(2) Die Stiftungen haben ein Recht auf ihren Bestand und ihren Namen.

1. Titel
Entstehung der Stiftungen, Stiftungsverzeichnis

Art. 3

(1) Die Entstehung einer Stiftung des bürgerlichen Rechts bestimmt sich nach den §§ 80 bis 84 des Bürgerlichen Gesetzbuchs (BGB) .

(2) [1] Eine Stiftung des öffentlichen Rechts entsteht, soweit sie nicht durch Gesetz errichtet wird, durch das Stiftungsgeschäft und die Anerkennung in entsprechender Anwendung der §§ 80 bis 84 BGB. [2] Unbeschadet der Voraussetzungen des Satzes 1 ist die Anerkennung nur zu erteilen, wenn das Stiftungsgeschäft oder die Satzung diesem Gesetz nicht widerspricht. [3] Der Anerkennung bedarf es nicht, wenn der Freistaat Bayern Stifter oder Mitstifter ist.

(3) Die zur Entstehung einer Stiftung erforderliche Anerkennung erteilt die Regierung, in deren Bezirk die Stiftung ihren Sitz haben soll (Anerkennungsbehörde).

Art. 4

(1) Das Landesamt für Statistik und Datenverarbeitung führt ein allgemein zugängliches Verzeichnis der rechtsfähigen Stiftungen mit Sitz in Bayern mit Ausnahme der kirchlichen Stiftungen (Stiftungsverzeichnis).

(2) [1] In das Stiftungsverzeichnis ist jede Stiftung mit folgenden Angaben einzustellen:
1. Name der Stiftung,
2. Rechtsstellung und Art,
3. Sitz,
4. Zweck,
5. Stiftungsorgane,
6. gesetzliche Vertretung,
7. Name des Stifters,
8. Zeitpunkt des Entstehens und des Erlöschens,
9. Anschrift der Stiftungsverwaltung.
[2] Auf Antrag des Stifters ist auf die Angabe seines Namens zu verzichten. [3] Änderungen zu Satz 1 Nr. 9 haben die Stiftungen der Genehmigungsbehörde unverzüglich mitzuteilen.

2. Titel
Satzung der Stiftungen
Art. 5

(1) Jede Stiftung muss eine Satzung haben.

(2) Der notwendige Inhalt der Satzung einer Stiftung des bürgerlichen Rechts richtet sich nach § 81 Abs. 1 Satz 3 BGB.

(3) [1] Bei Stiftungen des öffentlichen Rechts gilt Abs. 2 mit der Maßgabe, dass die Satzung auch Regelungen zu enthalten hat über:
1. Rechtsstellung und Art der Stiftung,
2. Bildung, Zusammensetzung und Aufgaben von Stiftungsorganen.
[2] Im Übrigen finden auf die Stiftungen des öffentlichen Rechts die Vorschriften der §§ 26 , 27 Abs. 3 , § 28 Abs. 1 und § 30 BGB entsprechende Anwendung, die Vorschriften des § 27 Abs. 3 und des § 28 Abs. 1 jedoch nur insoweit, als sich nicht aus diesem Gesetz oder der Satzung ein anderes ergibt.

(4) [1] Die Änderung der Stiftungssatzung bedarf der Genehmigung durch die Anerkennungsbehörde. [2] Art. 3 Abs. 2 Satz 3 gilt entsprechend.

3. Titel
Verwaltung der Stiftungen

Art. 6

(1) [1] Das Vermögen der Stiftung ist sicher und wirtschaftlich zu verwalten. [2] Es ist vom Vermögen anderer Rechtsträger getrennt zu halten. [3] Es darf unter keinem Vorwand dem Vermögen des Staates, einer Gemeinde, eines Gemeindeverbands oder einer sonstigen Körperschaft oder Anstalt des öffentlichen Rechts einverleibt werden. [4] Der Anfall des Vermögens aufgehobener Stiftungen wird dadurch nicht berührt.

(2) Das Vermögen, das der Stiftung zugewendet wurde, um aus seiner Nutzung den Stiftungszweck dauernd und nachhaltig zu erfüllen (Grundstockvermögen), ist ungeschmälert zu erhalten.

(3) [1] Erträge des Vermögens der Stiftung und zum Verbrauch bestimmte Zuwendungen dürfen nur zur Erfüllung des Stiftungszwecks verwendet werden. [2] Die Zuführung von Erträgen zum Grundstockvermögen, um dieses in seinem Wert zu erhalten, bleibt hiervon unberührt.

Art. 7

[1] Die Mitglieder der Stiftungsorgane sind zur gewissenhaften und sparsamen Verwaltung der Stiftung verpflichtet. [2] Soweit nicht die Stiftungssatzung ein anderes bestimmt, sind ehrenamtlich tätige Organmitglieder nur bei vorsätzlicher oder grob fahrlässiger Verletzung ihrer Obliegenheiten der Stiftung zum Schadensersatz verpflichtet. [3] Sind für den entstehenden Schaden mehrere Organmitglieder nebeneinander verantwortlich, so haften sie als Gesamtschuldner.

4. Titel
Umwandlung des Zwecks und
Erlöschen von Stiftungen

Art. 8

(1) [1] Für die Umwandlung des Zwecks und das Erlöschen der Stiftungen des bürgerlichen Rechts gelten §§ 87 und 88 BGB. [2] Auf die Stiftungen des öffentlichen Rechts finden diese Bestimmungen entsprechende Anwendung, § 88 Satz 3 BGB mit der Maßgabe, dass § 46 BGB auch dann entsprechend anzuwenden ist, wenn das Vermögen der Stiftung nicht an den Fiskus fällt.

(2) Der Stifter ist vor einer Aufhebung der Stiftung oder Umwandlung des Zwecks zu hören.

(3) [1] Die Aufhebung von Stiftungen kann auch in der Weise erfolgen, dass mehrere Stiftungen gleicher Art, bei denen eine der in § 87 Abs. 1 BGB genannten Voraussetzungen vorliegt, zusammengelegt werden. [2] Die neue Stiftung erlangt

mit der Zusammenlegung die Rechtsfähigkeit. [3] Im Fall der Aufhebung der neuen Stiftung leben die zusammengelegten Stiftungen nicht wieder auf.

(4) [1] Die Aufhebung einer Stiftung, bei der eine der in § 87 Abs. 1 BGB genannten Voraussetzungen vorliegt, kann auch in der Weise erfolgen, dass sie einer Stiftung gleicher Art zugelegt wird. [2] Die Zulegung ist nur zulässig, wenn die aufnehmende Stiftung zustimmt und die Erfüllung ihres Zwecks nicht beeinträchtigt wird.

(5) Zuständige Behörde im Sinn des § 87 BGB ist die Anerkennungsbehörde.

Art. 9

[1] Ist für den Fall des Erlöschens einer Stiftung kein Anfallsberechtigter bestimmt, so fällt das Vermögen einer kommunalen Stiftung (Art. 20) an die entsprechend Gebietskörperschaft, das einer kirchlichen Stiftung (Art. 21) an die entsprechende Kirche, im Übrigen an den Fiskus. [2] Das angefallene Vermögen ist tunlichst in einer dem Stiftungszweck entsprechenden Weise zu verwenden. [3] Nach Möglichkeit ist es einer anderen Stiftung mit ähnlicher Zweckbestimmung zuzuführen. [4] Dabei ist die soziale und bekenntnismäßige Bindung der erloschenen Stiftung zu berücksichtigen.

Zweiter Abschnitt
Stiftungsaufsicht
Art. 10

(1) [1] Zu ihrem Schutz unterstehen Stiftungen, die öffentliche Zwecke (Art. 1 Abs. 3 Satz 2) verfolgen, mit Ausnahme der staatlich verwalteten Stiftungen der Rechtsaufsicht des Staates (Stiftungsaufsicht); der Vierte Abschnitt dieses Gesetzes bleibt unberührt. [2] Stiftungsaufsichtsbehörden sind die Regierungen.

(2) [1] Als oberste Stiftungsaufsichtsbehörden sind zuständig
1. das Staatsministerium für Wissenschaft, Forschung und Kunst für Stiftungen, die der Wissenschaft, der Forschung, der Kunst, der Denkmalpflege oder der Heimatpflege gewidmet sind,
2. das Staatsministerium für Unterricht und Kultus für Stiftungen, die der Religion, der Bildung, dem Unterricht, der Erziehung oder dem Sport gewidmet sind,
3. das Staatsministerium des Innern für alle übrigen Stiftungen.
[2] Verfolgt eine Stiftung verschiedene Zwecke, so entscheidet der überwiegende öffentliche Zweck der Stiftung.

(3) [1] Der von den obersten Stiftungsaufsichtsbehörden gebildete Landesausschuss für das Stiftungswesen hat die Aufgabe, diese und die Stiftungsaufsichtsbehörden zu beraten. [2] Außerdem obliegt ihm die Förderung und Pflege des Stiftungswesens.

Art. 11

Die Stiftungsaufsichtsbehörden sollen die Stiftungen bei der Erfüllung ihrer Aufgaben verständnisvoll beraten, fördern und schützen sowie die Entschlusskraft und die Selbstverantwortung der Stiftungsorgane stärken.

Art. 12

(1) [1] Die Stiftungsaufsichtsbehörde überwacht die ordnungsmäßige und rechtzeitige Ausstattung der Stiftung. [2] Sie achtet darauf, dass die Angelegenheiten der Stiftung in Übereinstimmung mit dem Gesetz und der Stiftungssatzung besorgt werden. [3] Dabei überprüft sie insbesondere die Erhaltung des Grundstockvermögens sowie die bestimmungsgemäße Verwendung seiner Erträge und zum Verbrauch bestimmter Zuwendungen.

(2) Der Stiftungsaufsichtsbehörde sind die Zusammensetzung der Organe der Stiftung und etwaige Änderungen unverzüglich mitzuteilen.

(3) [1] Die Stiftungsaufsichtsbehörde ist befugt, sich über alle Angelegenheiten der Stiftung zu unterrichten. [2] Sie kann insbesondere Anstalten und Einrichtungen der Stiftung besichtigen, die Geschäfts- und Kassenführung prüfen oder bei größerem Umfang prüfen lassen sowie Berichte und Akten einfordern.

(4) Die Stiftungsaufsichtsbehörde kann rechtswidriges Verhalten der Stiftungsorgane beanstanden und dessen Unterlassen bzw. die Vornahme der erforderlichen Maßnahmen verlangen.

Art. 13

[1] Hat ein Mitglied eines Stiftungsorgans sich einer groben Pflichtverletzung schuldig gemacht oder ist es zur ordnungsmäßigen Geschäftsführung unfähig, so kann die Stiftungsaufsichtsbehörde die Abberufung dieses Mitglieds und die Bestellung eines neuen verlangen. [2] Sie kann gleichzeitig oder später dem Mitglied die Wahrnehmung seiner Organrechte einstweilen untersagen und einen vorläufigen Vertreter bestellen, sofern nicht § 29 BGB anzuwenden ist. [3] Diese Bestimmungen finden keine Anwendung auf Stiftungen, deren Verwaltung von einer öffentlichen Behörde geführt wird.

Art. 14

(1) [1] Das zur Vertretung der Stiftung allgemein zuständige Organ kann Rechtsgeschäfte im Namen der Stiftung mit sich im eigenen Namen oder als Vertreter eines Dritten nicht vornehmen, es sei denn, dass das Rechtsgeschäft ausschließlich in der Erfüllung einer Verbindlichkeit besteht. [2] Die Stiftungsaufsichtsbehörde hat für solche Rechtsgeschäfte jeweils einen besonderen Vertreter zu bestellen.

(2) Das zur Vertretung allgemein zuständige Organ kann von den Beschränkungen des Abs. 1 Satz 1 durch die Stiftungssatzung allgemein oder für den Einzelfall befreit werden.

Art. 15

[1] Die Stiftungsaufsichtsbehörde ist befugt, im Namen der Stiftung Ansprüche gegen Mitglieder der Stiftungsorgane gerichtlich geltend zu machen, sofern dies nicht binnen angemessener Frist durch das zuständige Organ der Stiftung selbst geschieht. [2] Art. 13 Satz 3 gilt entsprechend.

Art. 16

(1) [1] Die Stiftungen sind zu einer ordnungsgemäßen Buchführung verpflichtet. [2] Die Buchführungsart können sie im Rahmen der gesetzlichen Bestimmungen selbst wählen. [3] Vor Beginn eines jeden Geschäftsjahres sollen die Stiftungen einen Voranschlag aufstellen, der die Grundlage für die Verwaltung aller Einnahmen und Ausgaben bildet. [4] Innerhalb von sechs Monaten nach Ablauf des Geschäftsjahres sind ein Rechnungsabschluss und eine Vermögensübersicht (Jahresrechnung) zu erstellen und mit einem Bericht über die Erfüllung des Stiftungszwecks der Stiftungsaufsichtsbehörde vorzulegen.

(2) [1] Die Stiftungsaufsichtsbehörde hat die Jahresrechnung zu prüfen. [2] Die Prüfung kann sich auf Stichproben beschränken, wenn auf Grund vorausgegangener Prüfungen eine umfassende Prüfung nicht erforderlich erscheint. [3] Die Stiftungsaufsichtsbehörde kann bei Stiftungen, die jährlich im Wesentlichen gleichbleibende Einnahmen und Ausgaben aufweisen, die Prüfung der Jahresrechnungen für mehrere Jahre zusammenfassen. [4] Sie kann für höchstens drei Jahre von einer Vorlage der Unterlagen durch die Stiftung nach Abs. 1 Satz 4 sowie einer Prüfung der Jahresrechnungen nach Satz 1 absehen, wenn die Prüfung der Jahresrechnungen in mindestens fünf aufeinanderfolgenden Jahren keine Beanstandung ergeben hat. [5] Ergibt auch die anschließende Rechnungsprüfung keine Beanstandung, findet Satz 4 entsprechende Anwendung.

(3) [1] Wird eine Jahresrechnung durch verwaltungseigene Stellen der staatlichen Rechnungsprüfung, einen Prüfungsverband, einen Wirtschaftsprüfer oder einen vereidigten Buchprüfer geprüft, so muss sich die Prüfung auch auf die Erhaltung des Grundstockvermögens und die bestimmungsgemäße Verwendung seiner Erträge und zum Verbrauch bestimmter Zuwendungen erstrecken. [2] Der Prüfungsbericht ist der Stiftungsaufsichtsbehörde vorzulegen. [3] In diesem Fall sieht die Stiftungsaufsichtsbehörde von einer eigenen Prüfung der Jahresrechnung ab.

(4) [1] Die Stiftungsaufsichtsbehörde kann verlangen, dass eine Stiftung einen Prüfungsverband, einen Wirtschaftsprüfer oder einen vereidigten Buchprüfer mit der Durchführung einer Prüfung im Sinn des Abs. 3 beauftragt. [2] Abs. 2 Sätze 4 und 5 finden entsprechende Anwendung.

Art. 17

Ist das Vermögen einer Stiftung so erheblich geschwächt, dass die nachhaltige Erfüllung des Stiftungszwecks beeinträchtigt wird, so kann die Stiftungsaufsichtsbehörde anordnen, dass der Ertrag des Stiftungsvermögens ganz oder teilweise so lange anzusammeln ist, bis die Stiftung wieder leistungsfähig geworden ist.

Art. 18

[1] Kommen die Stiftungsorgane binnen einer ihnen gesetzten angemessenen Frist den Anordnungen der Stiftungsaufsichtsbehörde nicht nach, kann diese die Anordnungen mit Zwangsmitteln vollstrecken. [2] Art. 29 bis 39 des Bayerischen Verwaltungszustellungs- und Vollstreckungsgesetzes finden Anwendung.

Art. 19

Der Genehmigung der Stiftungsaufsichtsbehörde bedürfen
1. die Annahme von Zustiftungen, die mit einer Last verknüpft sind, oder die einem anderen Zweck als die Stiftung dienen sollen,
2. der Abschluss von Bürgschaftsverträgen und verwandten Rechtsgeschäften, die ein Einstehen der Stiftung für fremde Schuld zum Gegenstand haben,
3. Rechtsgeschäfte, an denen ein Mitglied eines Stiftungsorgans persönlich oder als Vertreter eines Dritten beteiligt ist, es sei denn, die Stiftung wird durch einen besonderen Vertreter nach Art. 14 Abs. 1 Satz 2 vertreten, das Rechtsgeschäft besteht ausschließlich in der Erfüllung einer Verbindlichkeit oder die Stiftung erlangt dadurch lediglich einen rechtlichen Vorteil.

Dritter Abschnitt
Kommunale Stiftungen

Art. 20

(1) Örtliche, kreiskommunale und bezirkskommunale Stiftungen (kommunale Stiftungen) sind solche, deren Zweck im Rahmen der jeweiligen kommunalen Aufgaben liegt und nicht wesentlich über den räumlichen Umkreis der Gebietskörperschaft hinausreicht.

(2) Die Vertretung und Verwaltung der kommunalen Stiftungen obliegt, soweit nicht durch Satzung anderes bestimmt ist, den für die Vertretung und Verwaltung der Gemeinden, Landkreise und Bezirke zuständigen Organen.

(3) [1] Für die von Gemeinden, Landkreisen und Bezirken verwalteten kommunalen Stiftungen gelten vom Ersten Abschnitt dieses Gesetzes nur die Art. 1 bis 6, 8 und 9. [2] Vom Zweiten Abschnitt dieses Gesetzes gelten für diese Stiftungen nur die Art. 10 Abs. 1 und 2, Art. 11, 12, 14, 17, 18 und 19 Nrn. 1 und 3 mit der Maßgabe, dass an die Stelle der Stiftungsaufsichtsbehörde die Rechtsaufsichtsbehörde tritt. [3] Für diese Stiftungen gelten im Übrigen die Vorschriften über die Gemeindewirtschaft, die Landkreiswirtschaft und die Bezirkswirtschaft mit Ausnahme des Art. 62 Abs. 1 und der Art. 77 bis 85 der Gemeindeordnung , des Art. 56 Abs. 1 und der Art. 71 bis 73 der Landkreisordnung und des Art. 54 Abs. 1 und der Art. 69 bis 71 der Bezirksordnung entsprechend.

Vierter Abschnitt
Kirchliche Stiftungen

Art. 21

(1) [1] Kirchliche Stiftungen im Sinn dieses Gesetzes sind Stiftungen, die ausschließlich oder überwiegend kirchlichen Zwecken der katholischen, der evangelisch-lutherischen oder der evangelisch-reformierten Kirche gewidmet sind und nach dem tatsächlichen oder mutmaßlichen Willen des Stifters der Aufsicht der betreffenden Kirche unterstellt sein sollen. [2] Kirchliche Stiftungen sind insbesondere die ortskirchlichen Stiftungen und die Pfründestiftungen.

(2) Eine Stiftung wird nicht schon dadurch zu einer kirchlichen, dass ein kirchlicher Amtsträger als Stiftungsorgan bestellt ist oder dass satzungsgemäß nur Angehörige einer bestimmten Konfession von der Stiftung begünstigt werden.

Art. 22

(1) Eine kirchliche Stiftung ist auf Antrag der betreffenden Kirche als rechtsfähig anzuerkennen, wenn die dauernde und nachhaltige Erfüllung des Stiftungszwecks durch das Vermögen der Stiftung gesichert erscheint oder von der betreffenden Kirche gewährleistet wird.

(2) Kirchliche Stiftungen dürfen nur mit Zustimmung der betreffenden Kirche anerkannt, umgewandelt oder aufgehoben werden.

(3) [1] Im Übrigen finden auf die kirchlichen Stiftungen die Vorschriften des Ersten Abschnitts dieses Gesetzes Anwendung; in Art. 3 Abs. 3 tritt an die Stelle der Regierung das Staatsministerium für Unterricht und Kultus, in Art. 5 Abs. 4 Satz 1 an die Stelle der Anerkennungsbehörde die zuständige kirchliche Behörde. [2] Die Ergänzung der Satzung einer kirchlichen Stiftung bei ihrer Anerkennung bedarf der Zustimmung der zuständigen kirchlichen Behörde. [3] Art. 8 findet mit der Maßgabe Anwendung, dass auf Antrag der betreffenden Kirche eine Zusammenlegung oder Zulegung von kirchlichen Stiftungen des öffentlichen Rechts auch erfolgen kann, wenn die Voraussetzungen des § 87 Abs. 1 BGB nicht erfüllt sind.

Art. 23

(1) [1] Die kirchlichen Stiftungen unterstehen der Aufsicht der betreffenden Kirche. [2] Der Erlass allgemeiner Vorschriften über Namen, Sitz, Zweck, Vertretung, Verwaltung und Beaufsichtigung kirchlicher Stiftungen ist Aufgabe der Kirchen.

(2) Die bestehenden Vorschriften über die staatliche Betreuung kirchlicher Gebäude im Rahmen einer dem Staat obliegenden Baupflicht bleiben unberührt.

Art. 24

Die Vorschriften dieses Titels gelten in gleicher Weise für die entsprechenden Stiftungen der israelitischen Kultusgemeinden, der sonstigen Religionsgemeinschaften und der weltanschaulichen Gemeinschaften, sofern sie Körperschaften des öffentlichen Rechts in Bayern sind.

Fünfter Abschnitt
Schluss- und Übergangsbestimmungen

Art. 25

(1) Stiftungen, die bisher rechtsfähig waren, behalten ihre Rechtsstellung bei.

(2) Ist die Rechtsstellung oder die Art einer Stiftung strittig, so entscheidet das nach Art. 10 Abs. 2 zuständige Staatsministerium, im Zweifel das Staatsministerium des Innern.

(3) Stiftungen, die nach *Art. 5 Abs. 4 der Kirchengemeindeordnung vom 24. September 1912 (GVBl S. 911)* bisher durch kirchliche Organe verwaltet wurden, gelten weiterhin als kirchliche Stiftungen im Sinn dieses Gesetzes.

(4) Ausschließlich oder überwiegend kirchlichen oder religiösen Zwecken der katholischen, der evangelisch-lutherischen oder der evangelisch-reformierten Kirche gewidmete Stiftungen, welche bis zum 1. Januar 1996 satzungsgemäß von einer Behörde des Staates, einer Gemeinde oder eines Gemeindeverbands zu verwalten sind, gelten weiterhin nicht als kirchliche Stiftungen.

Art. 26

Die Vorschriften dieses Gesetzes können durch die Satzung einer Stiftung weder eingeschränkt noch ausgeschlossen werden, soweit dies nicht in diesem Gesetz ausdrücklich zugelassen ist.

Art. 27

Mit Ausnahme der Maßnahmen nach Art. 12 Abs. 3, Art. 13, 15 und 18 sowie der Rechnungsprüfung nach Art. 16 Abs. 2 sind Amtshandlungen bei Stiftungen, die überwiegend öffentliche Zwecke (Art. 1 Abs. 3 Satz 2) verfolgen, nach diesem Gesetz kostenfrei.

Art. 28

Die obersten Stiftungsaufsichtsbehörden (Art. 10 Abs. 2 Satz 1) werden ermächtigt, durch Rechtsverordnung
1. das Verfahren bei der Anerkennung von Stiftungen, der Genehmigung von Satzungsänderungen sowie Rechtsgeschäften nach Art. 19 zu regeln,
2. die Mitwirkungspflichten der Stiftungen bei der Rechnungsprüfung nach Art. 16, insbesondere die vorzulegenden Nachweise und Belege festzulegen,
3. die Berufung und die Zusammensetzung des Landesausschusses für das Stiftungswesen zu bestimmen.

Art. 29

(1) Dieses Gesetz tritt am 1. Januar 1955 in Kraft[1].

(2) [1] (Satz 1 gegenstandslos). [2] Die übrigen bisher geltenden Vorschriften über die Auflösung und das Erlöschen der Fideikommisse und sonstiger gebundener Vermögen und über den Waldschutz bei der Fideikommissauflösung bleiben unberührt.

(3) [1] Bestehende Verpflichtungen zur Leistung besonderer Reichnisse in Geld oder Naturalien an Geistliche oder an weltliche Kirchendiener bleiben bis zu deren Ablösung unberührt. [2] Für die Ablösung ist der zu diesem Zeitpunkt geltende Kapitalisierungsfaktor des Bewertungsgesetzes in der Fassung der Bekanntmachung vom 1. Februar 1991 (BGBl I S. 230) in der jeweils geltenden Fassung maßgeblich.

---

[1] Diese Vorschrift betrifft das Inkrafttreten des Gesetzes in der ursprünglichen Fassung vom 26. November 1954 (GVBl S. 301). Der Zeitpunkt des Inkrafttretens der späteren Änderungen ergibt sich aus den jeweiligen Änderungsgesetzen.

Reihe Unternehmensformen Band 4

Kai Grünberg

Wirkung von Rechtsform und Unternehmensgröße auf die Mitarbeitermotivation

Kai Grünberg

Wirkung von Rechtsform und Unternehmensgröße auf die Mitarbeitermotivation

Diplomica 2009 / 128 Seiten / 59,50 Euro

ISBN 978-3-8366-7659-5

EAN 9783836676595

Die Motivation von Mitarbeitern gilt heute als eine der wichtigsten Aufgaben der Personalführung. Gerade wenn es keine weiteren Unternehmensressourcen mehr gibt, stellen die Mitarbeiter eine Quelle nachhaltiger Wettbewerbsvorteile dar.

Dieses Buch liefert dem Leser einen Überblick über die Motivationsvor- und nachteile verschiedener Unternehmensgrößen und Rechtsformen und klärt, wie sich diese auf unterschiedliche Mitarbeitertypen auswirken.

Da es voraussichtlich in vielen Industrienationen zu einem Fachkräftemangel kommen wird, wird dieser Mitarbeitertyp besonders in Augenschein genommen. Die Untersuchung der strukturbedingten Stärken und Schwächen von Unternehmen ermöglicht dem Leser, die Mitarbeitermotivation und Personalbeschaffung effizienter zu gestalten.

Sina Stammert

Die Umwandlung einer Personengesellschaft in eine Kapitalgesellschaft und vice versa

Eine steuerrechtliche und ökonomische Analyse

Diplomica 2009 / 148 Seiten / 59,50 Euro

ISBN 978-3-8366-8072-1

EAN 9783836680721

Die bei der Gründung eines Unternehmens einmal gewählte Rechtsform kann sich aufgrund der ständigen Veränderung der wirtschaftlichen, rechtlichen und steuerlichen Rahmenbedingungen im Laufe der Zeit gegenüber einer anderen Rechtsform als ungünstiger erweisen. Aufgrund dieser Dynamik kann es sinnvoll sein, die Unternehmensform durch Umwandlung anzupassen. Dabei ist das komplexe Umwandlungssteuerrecht zu beachten, welches nicht nur vom Umwandlungssteuergesetz geregelt wird, sondern auf zahlreiche Gesetze wie das Einkommensteuergesetz, Körperschaftsteuergesetz, Gewerbesteuergesetz oder Umwandlungsgesetz verweist.

Gegenstand dieses Buches ist es, die Umwandlung einer Personengesellschaft in eine Kapitalgesellschaft wie auch die Umwandlung einer Kapitalgesellschaft in eine Personengesellschaft aus steuerrechtlicher und ökonomischer Sicht zu analysieren. Während beim Erstgenannten die steuerrechtlichen Folgen der Umwandlung dargelegt werden und auf Gestaltungsmöglichkeiten hingewiesen wird, erfolgen beim Zweitgenannten grundsätzliche Vorteilhaftigkeitsüberlegungen zur Gestaltung des Umwandlungsprozesses durch eine steuerliche Partialplanung. Dabei wird davon ausgegangen, dass die Entscheidung über eine Umwandlung aus nicht-steuerlichen Motiven bereits beschlossen ist und somit ein Vorteilsvergleich der steuerlichen Wahlrechte erfolgen muss. Diesbezüglich wird aus Sicht der Steuerbilanzpolitik der Frage nach dem optimalen Wertansatz der zu übertragenden Wirtschaftsgüter als zentralem betriebswirtschaftlichen Entscheidungsproblem nachgegangen.

Reihe Unternehmensformen Band 6

Aleksandra Zakrzewska

Die Europäische Privatgesellschaft

Die SPE im Vergleich zur GmbH des
deutschen und polnischen Rechts
im Hinblick auf die Expansion
von KMU nach Polen

Aleksandra Zakrzewska

Die Europäische Privatgesellschaft

Die SPE im Vergleich zur GmbH des
deutschen und polnischen Rechts im Hinblick
auf die Expansion von KMU nach Polen

Diplomica 2010 / 100 Seiten / 49,50 Euro

ISBN 978-3-8366-9311-0

EAN 9783836693110

Nach zahlreichen Rechtsreformen wie der Verordnung mit allgemeinen Bestimmungen
über den Europäischen Fonds für regionale Entwicklung und der von den Staats- und
Regierungschefs der Mitgliedstaaten verabschiedeten Lissabon-Strategie aus dem Jahr
2000, die den erreichten Binnenraum ohne Grenzen und Hindernisse für den Austausch
von Waren, Dienstleistungen und Kapital weiter fördern sollten, wurde nunmehr ein
Statut einer Europäischen Privatgesellschaft verabschiedet. Dieses Statut ermöglicht die
Einführung einer solchen Kapitalgesellschaft mit dem Zweck, die Expansion und somit
Gründung eines Unternehmens im europäischen Ausland deutlich zu erleichtern, um aus
27 unterschiedlichen Märkten einen europäischen zu schaffen. Sie ist insbesondere für
den europäischen Mittelstand gedacht und soll dessen Wachstum im
grenzübergreifenden Binnenraum fördern.

Nach der Einführung der bereits bestehenden Europa-AG für größere Unternehmen, die
keinen Anklang gefunden hat, ist für die Europa-GmbH ein größerer Andrang zu
erwarten, soll diese doch durch die rechtlichen Regelungen den zeitlichen und
kostspieligen Aufwand einer Neugründung schmälern. Die Studie gibt Aufschluss
darüber, ob eine Europäische Privatgesellschaft für kleine und mittelständische
Unternehmen, die nach Polen expandieren, sinnvoll ist. Insbesondere wird ein Vergleich
hergestellt zwischen den drei Gesellschaften auf europäischer, deutscher und polnischer
Ebene um darzulegen, welche Vor- beziehungsweise Nachteile die Einführung der
Europäischen Privatgesellschaft mit sich bringt.

Daniel Tax

Die Europäische Aktiengesellschaft

Gesellschafts- und steuerrechtliche

Rahmenbedingungen der Societas Europaea

(SE)

Diplomica 2010 / 108 Seiten / 39,50 Euro

ISBN 978-3-8366-9257-1

EAN 9783836692571

Mit der Societas Europaea (SE) können Unternehmen der EU-Staaten seit 2004 eine neue, europaweit einheitliche Rechtsform wählen. Mit der SE versuchen die europäischen Staaten den rechtlichen Rahmen an den zunehmend grenzübergreifenden Tätigkeitsbereich der Unternehmen in Europa anzugleichen.

Die Rechtsform wird die herkömmlichen Rechtsformen des deutschen Gesellschaftsrechts ergänzen aber auch ersetzen, da ihre Ausgestaltung mehr auf international tätige Unternehmen abzielt.

Das Buch beschäftigt sich mit einer deutschen SE und untersucht dabei den Gründungsprozess, die veränderten Möglichkeiten bei der inneren Organisation und der Arbeitnehmerbeteiligung. Die neuen Gestaltungsmöglichkeiten werden auszugsweise an einem Beispiel verdeutlicht. Im Weiteren werden vor allem auch Aspekte der Besteuerung im nationalen sowie im internationalen Zusammenhang näher behandelt und erklärt. Eine ausführliche Fallstudie zeigt, wie sich die Besteuerung einer deutschen SE darstellen könnte.

Reihe Unternehmensformen Band 8

Kathrin Giegling

Unternehmergesellschaft, GmbH und Limited

Ein Vergleich

Kathrin Giegling

Unternehmergesellschaft, GmbH und Limited

Ein Vergleich

Diplomica 2010 / 104 Seiten / 39,50 Euro

ISBN 978-3-8366-9313-4

EAN 9783836693134

Anfang November 2008 trat das Gesetz zur Modernisierung des GmbH-Rechts und zur Bekämpfung von Missbräuchen (MoMiG) in Kraft. Das MoMiG bildet den vorläufigen Abschluss verschiedenster Bestrebungen, das Gesetz betreffend die Gesellschaften mit beschränkter Haftung (GmbHG) seit dessen Inkrafttreten 1892 umfassend zu reformieren. Zudem reagiert der deutsche Gesetzgeber mit dem MoMiG auf nationale und internationale Entwicklungen in der Wirtschaft, der Gesellschaft und der Rechtsprechung.

Um dabei insbesondere der Ausbreitung der englischen Private Limited by shares zu Lasten der GmbH innerhalb des deutschen Rechtsraumes entgegenzuwirken und um der Rechtsprechung des EuGH Rechnung zu tragen, hat der deutsche Gesetzgeber mit dem MoMiG eine Vielzahl von Regelungen des GmbHG ergänzt und angepasst. Schwerpunkte des MoMiG, auf die in dieser Untersuchung ausführlicher eingegangen wird, sind einerseits Erleichterungen bei der Kapitalaufbringung und bei der Übertragung von Geschäftsanteilen, andererseits die Möglichkeit einer Verwaltungssitzverlegung ins Ausland, der gutgläubige Erwerb von Geschäftsanteilen sowie Neuregelungen im Bereich des Cash-Pooling und die Regulierung des Eigenkapitalersatzrechts.

Ziel dieses Buches ist daher ein Vergleich von GmbH und Limited unter besonderer Berücksichtigung der bereits genannten Schwerpunkte des MoMiG sowie einer Darstellung der Unternehmergesellschaft (haftungsbeschränkt).